歓喜へ至るヨギの工学技術

インナー・エンジニアリング

内なるエネルギーでいかに身体・心を最適化するか

サドグル 著
松村浩之・松村恵子 訳

ヒカルランド

「ある者が言うところの『魔法』は、別の者が言うところの工学技術だ」

ロバート・A・ハインライン

目次

PART 2

カバーデザイン　浅田恵理子
校正　麦秋アートセンター

「グル」[*1]といういかがわしい言葉

あるとき。シャンカラン・ピライの薬局を訪れた客が店の外で一人の男が街灯に抱きつくようにして苦しそうにしているのを見た。

薬局に入った客はシャンカラン・ピライに訊《たず》ねた。「あの人、どうしちゃったの？」

シャンカラン・ピライは何事もなかったかのように答えた。「ああ、あの人。うちのお客さんだよ」

「一体どうしたの？」

「百日咳《ぜき》に効く薬が欲しいって言うから、ぴったりな薬を処方したのさ」

「何を処方したの？」

「下剤1箱。今すぐここで飲むように言ったのさ」

「百日咳に下剤！　なんでそんなものを処方したんだ？」

「ご覧の通りさ。あんな状態で咳をする気になると思う？」

今、世界の至るところで心と体の健康を追求する人たちに対して、掛け違えた解決法が氾濫《はんらん》している。まさにこのシャンカラン・ピライの下剤のように。このせいで「グル」という言葉がいかがわしいものになってしまっているのだ。

残念ながら、私たちはグルという言葉の本来の意味を忘れてしまっている。その本当の意味は「暗闇を払拭《ふっしょく》する者」。グルの役割は一般に考えられているものとは違う。何かを教えることではないし、教義を信じ込ませたり、信仰を変えさせることではない。グルは人の感覚や心の葛藤を超越した次元に光を投げかけるためにいる。人が普段感じることができない次元に光を当てる。グルは存在の本質に光を投げかけるためにいるのだ。

表面的な解釈で危険なまでに間違った方向へ人々を導く教えが、いま世界中で氾濫している。そのひとつは「この瞬間に生きる」*2というもの。この考え方の前提は「人の意識はどこか別のところに飛んでしまう」というもの。だから意識を「この瞬間に集中しろ」と教える。だが意識が今この瞬間以外に飛ぶことなどあり得ない。人は「いま」というところ以外には存在できない。人は生きているときはこの瞬間に生き、死ぬときはこの瞬間に死ぬ。「この瞬間」は永遠に連続する。この事実から逃れようとしたところで逃れられるだろうか？

今この瞬間、読者は10年前の出来事が原因で苦しんでいるかもしれない。あるいはまだ起こってもいない、明後日のことに思い悩んでいるかもしれない。10年前に起きたことも、明後日起きるかもしれないことも、今この場で起きていることではない。どちらも自分の記憶と想像が今、この瞬間に引き起こした幻想だ。では、心を穏やかにするには頭を空っぽにしなくてはならないのか？　そうではない。記憶や想像力がもたらすものを管理すればいいだけのことだ。思考は大量のことがらを記憶できる。ヒトの想像力は驚異的な可能性を秘めている。それは数百万年かけて進化した結果だ。思考も想像力も使いたいときは使い、使いたくないときは脇に置いておけばいい。そうすればマインドは素晴らしい道具になるのだ。だから過去を避け、未来を無視して「この瞬間に集中する」のはせっかくの素晴らしい能力の持ち腐れになってしまう。つまり「この瞬間に生きる」という考え方は不自由な形で人を心理的に制限してしまう。つまり私たちの本当の可能性を閉ざしてしまうのだ。

別の流行《はや》りはじめた自己啓発のフレーズに、「一時に一事を」というものがある。マインドは多次元の能力を持つ驚異的な機械だというのに、なぜひとつのことしかしないのか？　マインドは一度にいくつもの違うレベルの活動をこなすことができる。どうしてこのマインドが持つせっかくの能力を活用しないでその能力を無駄にしてしまうのだ？　私たちにはワクワクするジョイ（喜び）をもたらす能力があるというのに、その能力を停止してしまうロボトミー手術[*3]のようなものをなぜ選ぶのか？

「ポジティブ・シンキング」というフレーズも、使われすぎて陳腐なものになってしまった。単純化されすぎてその場しのぎの決まり文句になり、現実をうまくごまかしたり、きれいに取り繕ってくれたりする、聞こえの良いだけのものに成り果てた。入ってきた情報を処理できなくなり、自分で自分の心を制御できなくなると、人は「ポジティブ・シンキング」という鎮静剤のような言葉に飛びついてしまう。それは人生に自信と楽観的な新しい風を吹き込んでくれるように感じるかもしれない。しかし、その自信や楽観には本質的に限界がある。長い目で見ると、現実を否定したり現実から目をそらしたりすることは偏った人生観を持つことになるのだ。

また、「宇宙は愛でできている」という人間の幸福を天国に求める古風な考え方もある。愛は人間のひとつの可能性だ。もし人がそれをもう一度学びたいのなら、犬から学べばいい。犬は愛に満ちている。愛を理解するために遠く離れた宇宙まで行く必要はない。こういった子どもじみた哲学は、「この世の存在は人間が中心だ」という考えに基づいている。この考え方が私たちからあらゆる感覚を奪い、人間が歴史上最も非人道的で凶悪な罪に手を染める結果となってしまった。それは今日に至るまで続いている。

グルとしての私には、人に教える教義も、布教する哲学も、広める信念もない。なぜなら人間の悩みは自己変革でしか解決しないからだ。自己変革とは、段階的に起こる自己改善のことではない。またモラルや倫理、態度を変えることによってできるものでもない。自己変革は「限界がない本当の自分自身」を本当の意味で理解することによって達成できるのだ。自己変革を成就すれば古い自分は残らない。人生の見方や体験のしかたが今までとは違う次元にシフトしてしまうのである。

これを理解することがヨガだ。これを体現するのがヨギ[*4]であり、この方向へ人を導くのがグルである。

この本での私の目的は、読者が常にジョイを手にするように手助けすることだ。したがって、この本は説法ではなく科学を述べている。教えではなくテクノロジーである。教訓ではなく道を示した。今こそ、この科学の世界を探索し、このテクノロジーを活用して歩きだそう。

この旅では、「グル」とは目的地ではなく道筋を示す地図なのだ。読者にとって内側の世界は未知の場所だ。全く勝手が分からない場所を探検するためには、標識がある方がよい。自分一人でも歩くべき道は見つけられるかもしれないが、どうだろう。一生どころか何生もかかるかもしれない。勝手が全く分からない場所にいるなら、どこへ行くべきか指示をもらう方がよい。グルの役割は、道筋を示す生きた地図の存在であること。GPSのように道を探すシステムなのだ(Guru Pathfinding System)。

だからグル(guru)といういかがわしい4文字があるのだ。読者にとって2倍楽に道を探せるためにそれは8文字(Sadhguru)なのかもしれない……。

…Sadhguru

＊1　グル　スピリチュアル指導者。

＊2　この瞬間に生きる　マインドフルネスでよく使われるフレーズ。

＊3　ロボトミー手術　かつて精神疾患の治療法として流行した、情動緊張や興奮などの精神障害を除去する目的で前頭葉白質を切除する手術。人格変化・無気力など、重大な副作用が問題となり現在は禁止されている。

＊4　ヨギ　ヨガの状態にいる人。存在の融合を理解した者。

PART 1

読者の皆様へ

本書のような本には様々なアプローチ法があるだろう。ひとつは、いきなり実践に飛び込む方法。スイッチを「自力モード」にして真っ先に取り組む方法だ。しかし本書は、自己啓発のマニュアルではない。たしかに本書にはとても実践的な側面があるが、実践以上の内容がある。もうひとつは、理論としてとらえる方法。しかし本書は、アカデミックな理論書ではない。ちなみに私は、ヨガに関するどんな論文も最後まで読んだことはない。そんなことをする必要がなかったのだ。私自身の内側の体験が、現在の私を形作っている。後年になってから重要なヨガの教本、パタンジャリ[*1]の『ヨガ・スートラ[*2]』のいくつかを走り読みした。そして、自分がすでに核心に到達していたことに気づいた。私は経験を通してその核心を深く理解していたのだ。理論的なアプローチによって核心に到達したのではない。ヨガのような洗練された科学をただの教義や理論に貶《おとし》めるのは、ヨガを単なるエアロビのような有酸素運動に貶めるのと同じくらい悲劇的だ。

以上を考慮して、本書は2つのパートに分かれている。PART1では、これから探索する人の内側の世界の地形についての説明。PART2では、その地形を移動する方法を書いている。

これから読むPART1には、学術的で専門的なことは書いていない。その代わりに基本的な考え方について書いてある。建物で言うと基礎にあたる部分で、その上部にPART2が担う実用的な建物部分が建つ。

ここでいう「考え方」は「教え」や「教義」ではない。ましてや「結論」でもない。この「考え方」は、旅の道程でみかける道案内の標識のようなものだ。その旅をするのはほかの誰でもない読者自身。私は30年前に、人生を根本から変容させる経験をした。その経験から得られた高い意識が生み出す基本的なものの見方が本書に示される「考え方」だ。

PART1は、私の自伝的体験から始まる。ここを読んで、この本をさらに読み進めるか、読むのをやめるかの判断材料にしてくれればいい。それからこのパートでは、いくつかの基本的な考え方について検証し、同時に一般的によく使われている（そして誤用されている）用語、例えば「運命」や「責任」、「幸福」、そしてさらに基本的な言葉である「ヨガ」などを掘りさげていく。

PART1の中のひとつの章は「サーダナ」で締めくくっている。「サーダナ」とはサンスクリット語で「装置」や「道具」の意味だ。これらの探求ツールは、本書で説明されている考え方を実行に移す手助けをし、読者に本当に役立つかどうかを見きわめる機会を与えてくれる（「サーダナ」はPART2でさらに頻繁に登場する）。

私は人からよく、現代的なグルだと言われる。それに対して私はこう答える。私は現代的でもなければ時代遅れでもない。ニュー・エイジでもなければオールド・エイジでもない。過去の全てのグルがそうだったように、同時代的だ。学者、評論家、理論家、神学者などといった人たちだけが現代的だったり時代遅れだったりする。哲学や信念体系は古くなったり新しくなったりするからだ。しかし、グルは常に同時代的だ。

前にも書いたが、グルの役割は暗闇を払拭すること。あなたのために扉を開く者だ。明日になったら扉を開けようという約束には意味がない。また別の人のために昨日扉を開けておいたとしても、あなたには意味がない。今日あなたのために扉を開ける。そこだけに価値がある。

真実というのは時を超えたもの。しかしそれを伝える技術や言葉は常に時とともに移り変わるものだ。古びてしまったものは葬ってしまうべきだ。たとえ古《いにしえ》から伝わってきた伝統的なものでも、ひとたびその価値を失えば博物館の展示品のように保存するべきではない。私は本書で古代のテクノロジーを探求してゆくが、それは非の打ちどころがない最先端のテクノロジーでもある。

個人的には新しいことを提唱することに関心がない。私が関心を持つのは何が真実かということだけだ。しかし読者がPART1を読んで、「新しいもの」と「真実」がひとつになる瞬間があれば嬉《うれ》しく思う。それにはふさわしい条件が必要だ。自己の内面の明瞭な場所から洞察が生まれ、またそれが読者の受容性が高まった瞬間、古の真実は劇的に魔法のように変わる。まるで人類史上で初めて見いだされたかのように、躍動に満ちた、光り輝く新しいものへと生まれ変わるのだ。

＊1　パタンジャリ　『ヨガ・スートラ』の執筆者という説、すでに存在した『ヨガ・スートラ』に解説を加えただけとする説、あるいは一人ではなく複数人存在したという説などがある。生きていた時期も紀元前2世紀から紀元5世紀までと幅広く、謎に包まれている。ヨガの世界では神格化された存在で、シヴァ神にヨガを広める使命を授かったという伝説もある。

＊2　『ヨガ・スートラ』　「ヨガとは心の働きを抑制することである」の定義から始まるインド哲学6派のひとつであるヨガ哲学の重要な教典。紀元500年頃成立。

私が感覚を失ったとき

平凡な人間だった私は
ひたすら丘の上にのぼった
ただ時間を潰《つぶ》しに
しかし潰したのは時間ではなかった
潰したのはこの「私」と「私のもの」

「私」と「私のもの」がなくなり
意思も能力も全て失い
今の私は空っぽの入れ物
天の意思と能力に
完全に身を委ねている

マイソール[*1]には昔からの伝統がある。何かしたければ、チャームンディーの丘[*2]にのぼる。何もすることがなくても、チャームンディーの丘にのぼる。恋に落ちたら、チャームンディーの丘にのぼる。恋に破れたら、チャームンディーの丘にのぼらないといけない。

ある午後、何もすることがなく、失恋して間もない私はチャームンディーの丘をのぼった。バイクを止め、丘の約3分の2のところにある露出した岩の上に座った。この岩は私の「黙想の岩」だった。この岩をそう使いはじめてからしばらく経つ。紫の実のベリーと育ちの悪いガジュマルがその岩の割れ目に深く根を下ろしていた。岩の上からマイソールの町並みが眺めよく見渡せた。

その瞬間まで私の体と心は「自分」であり、世界はその外側にあるものだった。しかし、何が自分で何が自分でないのか突然分からなくなった。目はまだ開いていた。しかし自分が吸っている空気、自分が座っている岩、自分を取り巻く大気、全てが「自分」になったのだ。私は全てだった。意識はあった。しかし感覚がなくなっていた。物事を識別する感覚が存在しなくなってしまったのだ。こうした経験について書けば書くほど、私の頭がおかしくなったように思えるかもしれない。そこで起きた出来事は、言葉では言い表せないものだった。全てのものがその境界を超越して爆発していた。全てのものが爆発して、ほかの全てのものになっていた。それは次元そのものが存在しない完璧な融合だった。

あの瞬間が、今に至るまで美しく持続しているのだ。

正常な意識に戻ったとき、10分ほど時間が経ったようにしか感じなかったが、腕時計をちらっと見るとすでに夜の7時半だった。すでに4時間半は経っていたのだ。目は開いていた。陽は沈み、辺りは暗かった。意識は完全にあった。しかしそれまで自分が自分自身だと思っていたものは完全に消失していた。

昔も今も私は涙もろくはない。しかし、25歳の私がチャームンディーの丘の岩の上にいたとき、熱狂的なエクスタシーにとらわれて涙がとめどなくあふれてきた。私のシャツは涙でびしょ濡れになったのだ。

それまでは心穏やかで幸せでいることなど気にしたこともなかった。ただ自由気ままに生きていた。ビートルズとブルージーンズの1960年代に育ち、ヨーロッパの哲学や文学を読んだ。ドストエフスキー、カミュ、カフカなど。しかしあのとき岩の上で起きたことは、それまでと全く違う次元の体験だった。経験したことがない全く新しい感覚に襲われた。未体験の、想像さえしなかった歓喜と至福。私の頭の中の疑い深い自分はこう言う。「ただ単に頭がおかしくなったんじゃないか！」と。しかしあの体験はあまりに素晴らしくてどうしても失いたくなかった。

あの午後、何が起きたのかは未だにうまく言い表せない。しかしこう言うのがふさわしいかもしれない。私はのぼり、そして降りてこなかった。今に至るまで。

私はマイソールで生まれた。マイソールは南インドにある美しい都で、かつては王国の首都であり、宮殿と庭園で知られている。父は医者で母は主婦だった。私は4人兄妹の末っ子だった。

学校は退屈でしかなかった。教師が教えることは生きることと全く関係ないとしか感じられず、教室にじっと座っていることができなかった。家政婦が、毎朝私を学校に連れていってくれた。しかし4歳の私はその家政婦に、自分を送るのは学校の門までにしてほしいと頼み、校舎の中まではついてこさせないようにした。家政婦が見えなくなるや否や私は近くの峡谷をめがけて走っていったものだ。その峡谷には多種多様の生物が暮らしていた。父の薬棚から頂戴《ちょうだい》した薬の空瓶に、昆虫、オタマジャクシ、ヘビなどを集めて自分だけの動物園を作った。数ヶ月して、私が学校に通っていないことが両親にばれた。私の生物学の探検に両親は微塵《みじん》も関心がなかったようだった。私の渓谷での探検は「排水路での泥だらけのお遊び」の一言でかたづけられてしまった。想像力に乏しくつまらない大人の論理に妨害されたので、私は代わりに何かほかのことを見つけることにした。

その後の日々では、森の中を歩き回り、ヘビを捕まえ、釣りをし、トレッキングをし、木登りをして過ごすのが好きだった。弁当と水の入った瓶を持って、大きな木の一番高い枝によく登った。枝の揺れる動きでトランス状態になったものだ。眠っているのにしっかり目が覚めているようになった。この木の上では完全に時間の感覚を失っていた。朝9時から、学校の終業ベルが鳴る午後4時半まで、ずっと木の上で過ごしていた。この頃から自分でもそうと知らずに瞑想《めいそう》状態に入りはじめていたのだと、後年になって気づいた。後になって私が最初に人に瞑想の指導をしたのは、揺れながらの瞑想法だった。もちろん当時の私は「瞑想」という言葉は聞いたこともなかった。単に木に揺らされながら、眠りと覚醒を超越した状態になるのが好きだっただけだ。

教室は退屈だったが、それ以外の全ては面白かった。世界がどのようにできているのか、地形はどうなっているのか、人々がどんな生活をしているのか。1日に最低でも35㎞、自転車で田舎の泥道を走りまわった。家に帰る頃には体中が泥とほこりにまみれていた。特に好きだったのは、頭の中に自転車で走った地形の地図を作ること。一人でいるときに目を閉じるだけで、その日に走った土地の景色を全て思い描くことができた。岩のひとつひとつ、地表に露出した地層の全て、その日に見た全ての木。季節の折々の変化、耕されて変化する土地、芽吹きはじめた作物などが私を魅了した。私がトーマス・ハーディ[*3]の作品を好きになったのも、こうした経験のおかげだ。トーマス・ハーディの作品の中で、長々と続く英国の景色の描写。私も同じように、頭の中で自分を取り巻く世界を描写していた。今でも頭の中にビデオテープがあるようなものだ。その気になれば、その当時自分が観察したもの全てを今でも鮮明にリプレイすることができる。

私はまた、とても懐疑的な子どもだった。まだ5歳だったが、家族で寺院に行った時にたくさんの質問をした。神様って誰？　どこにいるの？　空の中？　空のどこ？（数年後はさらにたくさん質問するようになった。学校では地球は球体だと教える。でも地球が球体ならどっちが上かなんて誰に分かる？）。家族の誰一人として、私のそういった疑問には答えられなかった。だから私はもう寺院には入らないことにした。それ以来私は寺院の外で下足番に預けられることになった。下足番は仕事をしながら、万力のような力で私の腕を握って私を引っ張りまわした。下足番は、もし注意をそらしたら私がどこかへ逃げてしまうと分かっていたのだ。後になって気がついたのだが、レストランを出ていく客の顔は、寺院から出ていく人の顔よりはるかに幸せそうだ。興味深いことだ。

私は懐疑的な少年だったが、自分が疑り深い人間であるというラベルを自分に貼ることはしなかった。様々なことに対してたくさんの疑問があったが、その全てに結論を出す必要があるとも思わなかった。「自分はあらゆることについて何も分かっていない」と早い段階で気がついていた。その結果、自分の周囲のもの全てに膨大な注意を払うようになったのだ。誰かがコップに入った水をくれれば、その水を私はいつまでも凝視した。葉っぱを拾えば、その葉っぱを際限なく凝視した。一晩中夜の闇を凝視した。小石を見れば、その小石のイメージは頭の中で絶え間なくクルクルまわり続けるので、その小石の全ての箇所の石目も、あらゆる角度から見た姿も覚えている。

私はまた言葉というのは単に人間が作り上げたいかがわしいものにすぎないとも思っていた。人が話すというのは音を出しているだけなのだというふうに理解した。そして聞いている自分が後からそこに意味を作り上げているのだと。そこで意味を作り上げるのをやめることにした。するとその音はとても面白いものになったのだ。私は彼らの口から様々なパターンの音が吹き出すのを見ることができた。もし私が話し相手をじっと観察し続けたのならば、その人はバラバラに崩壊してエネルギーの斑点《はんてん》になってしまっていたはずだ。そして残っているものは、音のパターンだけだった!

この全く果てしない無知な状況において、私はあらゆるものに興味を惹《ひ》かれた。医者だった父は、私を精神科に診せた方がいいと思いはじめた。「この子は常に瞬きもせずに、何かを見つめ続けている。絶対頭がおかしい！」と。世界は「知らない」でいることの計り知れなさに気づいていない。私はこれを常々不思議なことだと思ってきた。信念と臆測で「知らない」でいることを認めない者は大きな可能性を潰してしまっている。「知る可能性」を潰してしまっている。「知らない」は捜し求めて知ることへの唯一の扉だということを分かっていない。

母は「もっと先生に注意を払いなさい」と言った。だから私はそうした。他のどこへ行ってもここまではされないだろうというくらい私は先生たちに異常なほどの注意を払った。先生たちが何を言っているのか、さっぱり分からなかったが、授業に出席したときは彼らを強烈にじっと見つめた。どういうわけか先生たちは私のこの性質をあまりかわいらしいとは思わなかったようだ。私から反応を引き出そうとある先生はあらゆることを試した。しかし私が無反応で口をきかなかったので、先生は私の肩をつかんで激しく揺さぶった。「お前が神なのか悪魔なのか知ったことではない」そして続けざまに言った。「でもお前の場合は悪魔だと思うがな！」

別に侮辱されたとは思わなかった。それまで身の回りのありとあらゆるもの（砂粒から宇宙に至るまで）を驚きの目で観察してきた。しかしこの複雑な疑問のクモの巣に絡まりながらも、常に揺るぎないものがあった。それは「自分」。そして先生の怒りの爆発が、さらに別の疑問をもたらした。自分とは誰だ？　人間、神、悪魔、何者なのか？　自分を見つめて答えを見つけ出そうと試みたがうまくいかなかった。今度は目をつぶって答えを見つけ出そうと試みた。数分は数時間となった。目を閉じてさらに座り続けた。

目を開けたとき、あらゆるものが私の興味を惹いた。アリ、葉っぱ、雲、花、暗闇、まさに全てのものが私の興味を惹いたのだ。しかし驚いたことに、目を閉じた状態のときの方が、私の興味を惹くものがもっと存在していたのだ。体がどう脈を打ち、体の様々な器官がどう機能するか、様々な経路を通して人の内側からのエネルギーがどう動くのか、体の解剖学的構造がどうなっているのか。境界線は外部の世界にしかない。この世界の見方を通して人間でいることの全メカニズムに目を開かされた。この世界の見方により「私とは何者である」というような単純な結論を導く代わりに「望みさえすれば全てのものになれる」ということに徐々に気づいてきたのだ。何かの結論に到達するようなものではない。「自分」というものの確実性さえ崩れ去り、さらに深い「人間であるとはどういうことなのか？」という感覚が開きはじめたのだ。もともと私は自分は自立した人間であると考えていたが、この世界の見方は私を崩壊させた。私は何か漠然とした存在になってしまった。

私は様々な突飛なことをしてきたが、不思議なことにヨガだけはしっかりと取り組んできた。12歳の夏休み。毎年、先祖が代々住んでいた祖母の家に、たくさんの従兄弟《いとこ》たちと集まった。その家の庭に深さ45ｍほどの古い井戸があった。従姉妹《いとこ》たちがかくれんぼをして遊んでいるとき、私たち男の子はその井戸に飛び込んでまた登ってと遊んでいた。と言っても飛び込むのも登るのも実に大変だった。うまくやらないと脳みそが砕けて井戸の壁のしみになってしまう。登るときの足場はなく、石の表面をしっかりつかんでよじ登らないとならない。指の爪はその圧力で血が染み出てくる。これができたのは一握りの男の子だけだった。私はその中でも優秀な方だった。

ある日、70歳を超えると思われる老人が現れた。老人は私たちのこの遊びをしばらく観察した後、何も言わずにその井戸に飛び込んだ。老人は死んだかもしれない、と私たちは思った。ところがその老人は私よりも素早く井戸を登ってきた。プライドを捨てて、私はこの老人にひとつ質問した。「どうすればあんなに早く？」。老人は答えた。「ヨガを学びなさい」

私は子犬のようにその老人についていった。こうして私はマラディハリ・スワミ[*4]（この老人の名）の弟子になって、ヨガを始めた。それまで毎朝私を起こすのは家族の一大事だった。家族が私をベッドに座らせようとしても、私は倒れてまた眠ってしまうのが常だった。母は私の手に歯ブラシを持たせるが、私はそれを口にくわえたまま眠ってしまった。母が必死になって私をトイレに連れていっても、私はそこでもすぐに眠ってしまった。ところがヨガを始めてから3ヶ月すると、誰の助けもなく毎朝3時40分に体が目覚めるようになった。その早起きの習慣は今に至るまで続いている。起きてからシンプルなヨガのプラクティスが始まる。どこでも、どんな状況でも、1日も欠かさず。このシンプルなヨガは、アンガマルダナ（フィジカルなヨガのひとつで腕力や脚力を鍛える）と呼ばれるものだ。私はこのヨガによって肉体的にも精神的にも誰よりも確実に鍛え上げられた。しかしそれだけだった。少なくとも私はそう思っていた。

やがて私は、学校の教育システムを全く信用しなくなった。私が斜に構えた少年だったというわけではない。私はあらゆることに対して全身全霊でぶつかっていったのだ。しかし私は当時すでにものごとをはっきりさせることが大事だと思っていた。別に学校で教わったことに矛盾を見つけ出そうと、やっきになっていたわけではない。矛盾が見えてしまうのだ。私はこれまでの人生で何かを見つけようとしたことはない。ただ見る。それこそが今私が多くの人に伝えようとしていることだ。スピリチュアリティについて本当に知りたいのなら、何かを見つけようとしないことだ。人はスピリチュアリティとは神や真実、または何か究極なものを見つけることだと思っている。問題なのは、あなたがすでに探しているものを定義してしまっていることだ。見つける対象物が大事なのではない。ものごとの見方が大事なのだ。今の世界に欠けているのは、動機や目的なくシンプルに見る能力だ。人はみな心理的な生き物だ。だからあらゆるものに意味付けをしようとする。「求める」こととは何かを探すことではない。「求める」ことは知覚を高めることだ。「見る（see）」能力の根本のことである。

高校を卒業してからは、マイソール大学の図書館で自主的に勉強を始めた。毎朝9時に図書館に行くと私が最初の利用者で、夜の8時半に追い払われるときには最後の利用者だった。本だけが朝食と夕食の間の栄養だった。私は食欲旺盛だったが、昼食は1年間一切摂らなかった。ホーマーからポピュラー・メカニクス[*5]、カフカからカーリダーサ[*6]、ダンテからわんぱくデニス[*7]まで幅広く読みあさった。この1年間で知識はさらに増えたが、疑問もさらに増えた。

母が泣いてせがむので、仕方なくマイソール大学の英文学の学生となった。それでも数えきれないほどの疑問を抱え続けていた。私の周りに暗黒物質の雲ができているようだった。図書館にも大学の教授にも、その暗黒物質を取っ払うことはできなかった。それからはまたほとんどの時間を教室の中よりも外で過ごすようになった。教室でほかの生徒がすることは講義を聞いてその通りにノートをとるだけ。私は速記者になるつもりは毛頭なかった。あるとき講師に「クラスの生徒にコピーを配りたいから、そのテキストを貸してもらえませんか」と交渉した。講師は長い講義をする手間が省けるし、私は講義に出なくて済む。最終的には全ての講師とこの取引を結んだ（私が教室からいなくなるので講師たちは大喜びだった）。毎月決まった日に、講師たちは出席簿の私の欄に出席の印をつけた。毎月末に出席が登録されるため、私は月末にだけ教室に行って、講師たちが本当に私が出席したことにしてくれているかを確認した。

大学のキャンパスの中の大きなガジュマルの木の下で私は仲間と集うようになった。誰かが「ガジュマル・クラブ」と呼んだので、それがクラブ名になった。このクラブにはモットーがあった。「楽しいからやる」。私たちはオートバイにまたがって木の下に集い様々なことについて何時間も話し合った。例えばヤワのオートバイ*8をどうしたらもっと速く走らせることができるかということから、世界をどうすればもっとましな場所に変えられるのかといったことまで多岐にわたった。もちろん、いつもオートバイに乗っていた。オートバイをやめるなんてあり得なかった。

大学を卒業する頃には、私はインドの全国各地を乗り回していた。最初は南インドを自転車で旅した。それからオートバイでインド縦断と横断。そうこうしているうちに、国境を越えるのは当然のことのようになっていた。インドとネパールの国境に達したとき、私の乗っていたオートバイ登録と免許証では先に進めないと言われた。さらに書類が必要だった。それからは、オートバイで世界を旅するために必要な金を稼ぐことが目標になった。ただの放浪癖ではなかった。実のところ、私は一カ所でじっとしていることができなかった。何かを知りたかった。何が知りたいのかは分からなかったし、どこへ行けばそれが得られるのかも分からなかった。しかし私の中の最も深い部分が、何かをより強く求めていることは分かっていた。

私は自分を特に衝動的だと思ったことはない。ただ人生を謳歌《おうか》したかったのだ。私は自分の行動の結果をちゃんと把握していたが、危険であればあるほど、私の目には魅力的に映った。私の中には常に限界まで挑戦し、さらに向こう側に行こうとするもう一人の自分がいる。「何が(what)」「どうして(why)」と自分に問いかけたことはなかった。「どのようにして(how)」だけが唯一の問いだった。振り返ると、自分が何になりたいかと考えたことは一度もなかった。考えたのは「自分の人生をどのようにして生きたいか」ということだけだった。そして「どのようにして」は私にしか答えを出せないし、その答えは私の中にしかないことは理解していた。

当時は養鶏が大流行していた。私は誰にも縛られない目的のない旅に出たかったので、それを実現するために金を貯めたかった。そこで養鶏を始めた。父は「自分の息子がニワトリを飼うだなんて、人に何て説明すればいいんだ？」と嘆いた。しかし私は、自分一人で何もないところから自分の養鶏場をつくった。事業が始まり、利益がでるようになった。毎朝4時間この事業に専念し、残りの時間は読書や詩作をし、泉で泳ぎ、瞑想をし、巨大なガジュマルの木の上で空想して過ごした。

成功して私は大胆になった。「他人の息子はエンジニアや実業家、公務員になったり、アメリカに渡ったりしているのに」と父はいつも嘆いた。友人、親戚、通っていた学校や大学の先生など私が会う人たちは皆、一様に口を揃えて言った。「君は何者かになるものだと思っていた。でも今の君は人生をただ無駄に過ごしている」

私は挑戦を引き受けた。土木技術者の友人と建設業界に入った。5年でマイソールを代表する民間建設会社の仲間入りをするメジャーな会社に成長した。父はこれを容易には信じられなかったが大喜びだった。

私はやる気にあふれ自信満々だった。アドレナリンに満ち、何かに挑戦したくてたまらなかった。人はやることが全部うまくいくと、地球は太陽でなく自分中心に回転しているように錯覚しはじめる。

1982年9月、あの運命の午後。そんな意気揚々とした若者だった私は、チェコ製のオートバイに乗ってチャームンディーの丘にのぼっていったのだ。

その後の私の人生が全く違うものになることなど当時の私は知る由もなかった。

その後、丘の上で何が起きたのか友人に話そうとすると、一様に聞かれるのがこれだ。「何か飲んだ？　ヤバいクスリでもやったの？」。私の人生で突然爆発的に出現したこの新しい次元について、友人たちは私よりも理解できなかった。

その体験が意味することが何かを消化する間もないまま、再びあの体験が戻ってきた。あの日から1週間後。私は家族と夕食をともにしていた。それは2分ほどの出来事だと思っていたが、7時間も続いていた。私は夕食の席に座っていて完全に意識はあった。しかし自分自身だと思っていた「私」は、すでにどこにもなかった。ほかの全てのものは存在していたのに。時間が弾《はじ》け飛んだ。

覚えているのは家族が私の肩を叩《たた》いて何が起きたのか私に聞いてきたこと、そして食事をするよう促していたことだ。私はただ手を上げて、「一人にしてほしい」と頼んだ。その頃には、家族は私の奇妙な行動に慣れっこになっていた。家族は私を一人にしてくれた。私が通常の感覚に戻ったのは、朝の4時15分だった。

この経験はもっと頻繁に起こるようになった。それが起きると私は数時間も食事も睡眠もとらなかった。根っこが生えたように同じ場所にただ座り続けた。あるとき、これが13日間続いた。その圧倒的な言葉で言い表せない沈黙とエクスタシーの状態が起きたとき、私はある村にいた。村人たちは私の周りに集まりお互いに囁《ささ》き合っていた。「ああ、彼はサマーディ（肉体を超越した至福の状態。インドのスピリチュアルの伝統ではよく報告されている）に入っているに違いない」。インドはスピリチュアリティに対して伝統的に理解があるので、伝統を受け継ぐ村人たちには理解できたのだろう。しかし脳みそまでジーンズをはいているような私にはまるで理解できなかった。その状態から元に戻ったとき、誰かが私に花輪を授けようとした。別の人は私の足元にひれ伏していた。狂ってる。こんなことを私にしようと思うなんて信じられなかった。

また別の日。私は昼食を摂っていた。食べ物を口に入れたその瞬間、突然、私の中の何かが爆発した。その瞬間、私は消化という驚くべき魔法を体験したのだ。外部からの物質、つまり地球の一部が、自分の一部になるというプロセス。私たちは皆、知識としてはこのことを知っている。

地球の一部が我々の栄養となる。その代わりに私たちは時が来たら、ひとたび私たちを養ってくれたこの地球に栄養を捧げるために自らの体をお返しする。しかしその知識を体験として理解できたとき、私が何者であったかという見方が根本的に変わったのだ。地球も含めた私の周囲との全ての関係は次元を超えて変化した。

パンやリンゴを半日のうちに人間の体の一部に変えてしまう驚くべき知性。ただごとではない。創造の源であるこの知性に私が意識的に触れるようになってから、説明できない不思議な出来事が私の周りで起きはじめた。私の手に触れたものが別のものに変化した。人々は私を見て泣き出したりした。多くの人が私を見ただけで、肉体的あるいは精神的な苦しみから解放されたと言った。私自身も通常の治療だと治るのに何ヶ月もかかる容態が数時間で治ってしまうという経験をした。しかし私はこういった出来事を重要視しなかった。

私の外側と内側の現実を劇的に変化させる能力は、今日まで私の中と私の周囲で持続している。これは意識的に得ようと思って得たものではない。私たちの存在の根底となるこの深い知性の次元に触れると、人生は自然に奇跡的なものへと変貌するのだ。

6～8週間経つうちに、この驚異的な体験ははっきりと目に見えるものになった。この間、私に関するあらゆるものが劇的に変化した。私の容貌（目の形、歩き方、声、体の配列）は劇的に変化しはじめ、私の周囲の人々も気づきはじめた。

私の内側で起きていたことはさらに驚異的だった。6週間以内で、とてつもない量の記憶の洪水が私に入り込んできた。文字通り数人分の生涯の記憶の量である。私はそのとき自分の内側で一瞬のうちに様々な甚大なことが起きていることに気づいていた。それは万華鏡のようだった。私の中の論理的な自分は「こんなことはあり得ない」と言っていた。私が自分の内側で見ていたものは陽の光を見るより明らかだった。だが私は「何かの間違いであればいい」と秘《ひそ》かに望んでもいた。私はそれまで自分は賢い若者だと思っていた。それが突然無知で愚かな若者に思え、自分の中で起きた混乱を処理できなかった。しかし悔しいことに、私の記憶が物語っている全てのことは真実だったのだ。

このときまで私は、この世の中の理性や論理に当てはまらないこと全てを完全に否定していた。だがやがて、生命は究極の知性なのだということが徐々に理解できてきた。人間の知力は通常、確実にサバイバルするための知識にすぎない。しかし本物の知性は「生命」と生命の源である何かだ。ほかのなにものでもない。

「神は愛であり、神は慈悲である」と人は言う。しかし創造に意識を傾ければ、神、あるいは創造の源であるものは何であれ、人が想像し得る究極の知性だと気づく。私たちは、自分たち一人一人の中に脈打っているこの全能の知性に触れようと努める代わりに、論理的知力を使うことを選んでしまう。論理的知力は、状況によっては有用だがそれは本質的に限られたものだ。

私はまた他人の感情に対する感受性が高まりはじめた。街で見かけた知らない人が悲しんでいるのを感知して、涙がこぼれることもあった。人がこんな悲惨さを耐え忍ぶことができるなんて私には信じられなかった。同じそのときに、私は理由もなく至福の境地にいたというのに。

私に起きていたことが「スピリチュアル」と呼ばれるものだと気づくまでにはしばらく時間が

かかった。神聖なる伝統や経典の中で究極の経験だと讃《たた》えられているものが、自分に起きたということを私は理解しはじめた。実際、人間に起こり得る中で最も素晴らしいことを私は経験していたのだ。

自分の体の全ての細胞が、その瞬間その瞬間に言葉にならないエクスタシーを爆発させていた。子どもは、理由もなく笑ったり幸せを感じたりすることができる。人はそれを賛美する。だが私は大人でも歓喜の状態になることが可能だということを知っている。人間は誰もがそれを経験できる。なぜなら私たちのこれまでの経験の全ては、自分たちの内側で起きたことだから。

私の容貌の変化は、実は自分の内側の要素が全て再構成されたからだということが分かるようになった。私は12歳から一連の基本的なポーズの実践、ハタヨガを続けてきた。それまでのおよそ13年にわたるヨガの実践が、ここにきて実を結んだのだ。ヨガとは基本的に身体を再構築することで、より高い目的を果たすための方法だ。人の身体は肉塊として、血として、あるいは創造の根源として機能し得るのだ。

人間を神に変身させるテクノロジーが存在する。ヒトの脊椎は単なる適当に配列された骨ではない。ヒトの脊椎は宇宙の中心軸だ。システムをどのように再構成するかによる。私を例にとろう。私の身体はもともと極端に活発だった。そこで、まるで身体が存在しないかのように自分の体を扱うことを習得した。すると私の身体はとても落ち着いた。以前の極端な活発さは身体の中にあったのだ。例えば私が部屋に入るだけで、部屋にいる人は私の極端に活発なエネルギーを感じとることができた。しかし今は自分の身体の扱い方を知っている。

そのとき初めて、私のこの経験こそが本当のヨガだと気づいた。存在との一体化、全ての生命との調和、無限性。これがヨガだ。それまで毎日実践していたアーサナと呼ばれる一連のシンプルなヨガのポーズは、体の健康のためだけのものだと私は思っていた。しかしチャームンディーの丘のあの経験をしてからは、自分がそれまでしていたことは肉体をはるかに超越した次元へと自分を導くプロセスだったことに気づいたのだ。そこで私は人に言う。「どんな間違った動機で始めたとしても、ヨガは素晴らしい！」と。

人間の内側には限界を嫌う何かがある。無限を切望する何かが。人間の性質には、今の自分に飽き足らず、常にそれ以上の何かになろうというものがある。何かを成し遂げても、さらにもっと上を求めるのだ。このことをよく見つめてみると、次のことに気づく。人間は「もっと」を切望しているのではない。「全て」を切望しているのだ。私たちは皆、無限を求めているのだ。唯一の問題は、それを徐々に手に入れようとしていることだ。

1・5m四方の箱の中に自分が閉じ込められてしまったと想像してみよう。それがどんなに快適でも、そこから外に出たいと思うだろう。次の日少し大きい3m四方の箱に入れられたら、しばらくはかなり気分がいいかもしれない。しかし、すぐにその外側に出たいという気持ちにまたなるはずだ。どの大きさに設定するかは関係ない。限界を意識した瞬間に、本能的にそこから外へ出たいと思うのだ。東洋では文化的に、この切望こそが究極の最終地点だと考えられてきた。そして全ての人間の活動と努力はこの最終地点に向けられているのであると。ムクティまたはモークシャ、すなわち自由は人間にとって自然な切望であり、究極の目的地である。しかし私たちは、その摂理を意識していないために、徐々にそれを満たそうとする。権力、金、愛、知識を得ることを通して、あるいはまた現代の大いなる娯楽であるショッピングを通して。

人間の欲望は、何か特定のものに対して向けられているのではない。人間が求めているのは、ただ無限に拡張していくことだ。このことに気がついたとき、私の中に明確な考えが生じた。この考え方を、多くの人に広めるべきではないか、と。これは誰にでも実践できるものなのだから。私の体験から得た知見を、ほかの人に理解してもらうこと。これが、それからの私の目標となった。湧き上がる生命の道を妨げない限り、ジョイ、自由、無限性は誰にでも得られることを多くの人に気づいてもらいたい。

あの午後に私がチャームンディーの丘で得た幸福の絶頂はあり得ないものでも夢物語でもない。それを求める人には確実にあるものだ。それを経験することは全ての人間が生まれながらに持つ権利なのだ。

＊1　マイソール　インド南部カルナタカ州で2番目の都市。インド独立まではマイソール王国の首都として栄えた。マイソール宮殿で有名。

＊2　チャームンディーの丘　ヒンドゥー教の聖地。マイソールを一望する丘で頂上にはシュリー・チャームンディースワリ寺院がある。

＊3　トーマス・ハーディ　（1840〜1923）イギリスの小説家で詩人。主な作品は『日陰者ジュード』。

＊4　マラディハリ・スワミ　（1890〜1996）アナサ・セヴァシュラマ（Anatha Sevashrama）創始者。世界中の450万人以上の人にヨガを教えた。

＊5　ポピュラー・メカニクス　1902年創刊された通俗技術誌。

＊6　カーリダーサ　古代インドの作家。サンスクリット文学の偉大な詩人、劇作家。その生涯に関する多くは謎に包まれている。

＊7　わんぱくデニス　1951年に発表されたハンク・ケッチャム原作のアメリカの漫画。

＊8　ヤワのオートバイ　ヤワは1929年に設立されたチェコスロバキアのオートバイメーカー。

解決は内側にある

人はこれまでの人生で様々なことを行ってきた。キャリアの追求や起業、金儲け、あるいは家族をもつことなどだろう。それもこれも、ただひとつのものを手に入れたいから。つまり、ジョイ。

しかし、歩むにつれ人生は複雑になってくる。

この地球でほかの生き物に生まれてきたなら、もっと楽だったに違いない。必要なものは物質的なものだけだっただろう。お腹がいっぱいになれば、それでもう1日は素晴らしい。お腹いっぱいの犬やネコは、とても幸せそうだ。

しかし人間としてこの世に生まれてきたなら話は違う。お腹が空っぽの状態のときは、「空腹」というひとつの問題を抱える。しかし、お腹がいっぱいになると？　100も問題が出てくる。生存が問われているときは、それが生活上大きな問題になってくる。どういうわけか人間にとっての人生とは、命の生存だけでは終わらず、生存が保証されてからこそ始まるものなのだ。

現代、空腹を満たす手段は過去のどの時代よりもはるかに効率が良くなっている。スーパーで食べ物を1年分買うこともできる。家から一歩も外に出なくてもそれができる。人類の過去の歴史でこんなことは不可能だった。１００年前の王族さえ買えなかったものが、今や一般人でも手に入る。私たちはこの地球上で生きてきた中で、最も快適な世代なのだ。問題なのは、私たちが最もジョイにあふれた、愛に満ちた、平和な世代であるとは決して言えないということだ。

なぜか？　私たちは、外側の環境を整備することに全力を尽くしてきた。これ以上整備するスペースが地球上に残っていないほどに。にもかかわらず、私たちはいまだに千年前の先祖たちより幸せではない。うまくいかないのなら、何が問題なのか考えてみるときではないだろうか？　千年かけてまだうまくいかない方法を、それ以上続けることに意味があるのか？　人を幸せにするはずの青写真は結局うまくいかなかった。人間はあとどれだけこの青写真を頼りに生きていかなくてはならないのか？

パラダイム・シフトの時がきた。

ひとつの質問から始めよう。幸福とは何か？

すごく単純に言うと、幸福とは人の内側で生まれる深い快さの感覚のことだ。肉体が快さを感じるとき、これを「健康」と呼ぶ。それがとても快いときは「快楽」。心が快さを感じるとき、これを「心の安らぎ」と呼ぶ。それがとても快いときは「ジョイ」。感情が快さを感じるとき、これを「愛」と呼ぶ。それがとても快いときは「慈悲」。エネルギーが快さを感じるとき、これを「至福」と呼ぶ。それがとても快いときは「エクスタシー」。これが私たちの求める全て（内側と外側の「快さ」）である。内側の快さには「心の安らぎ」「ジョイ」「幸福」という言葉が使われる。外側の環境が快いときは「成功」というラベルが貼られる。もし物質世界の成功には興味がなく、天国に行きたいと思うなら、何を求めているのだろうか。別世界の成功を求めているに違いない！　煎じ詰めれば、人間にとって問題となるのは、どれくらい「快い」か「快くない」かということだ。

しかし一生の中で「一日中至福である」と感じることがどれだけあるだろう。不安や動揺、いらだち、ストレスを感じることがただの一瞬もない、24時間完全に快いと感じる至福の一日。最後にそれを経験したのはいつのことか。

この地球上のほとんどの人は、思い通りの一日を過ごしていない。もちろん誰でも、ジョイ、平和、いや至福も体験したことがある。だがそれは、いつも束の間だ。それを持続させることができない。至福にたどり着いても、いつも崩れてしまう。それもあっけなく。とても単純なことが原因で、人はバランスを崩して調子が悪くなるのだ。

例えば、こういうことだ。外出先で誰かに「あなたは世界一美しい」と言われて有頂天になる。でも家に帰ると家族に本当のことを告げられ、全てが崩れ落ちる。よくあることだ。

どうして内側が快くないといけないのか？　答えは明白だ。内側が快い状態なら、自然と周りの人に対しても、どんなものに対しても人は快く接するからだ。ほかの人に対して良く接することを教えるのに経典や哲学はいらない。内側が快ければ自然にそうなるのだ。内側の快さは、間違いなく平和で喜びに満ちた世界を創るための確実な保険だ。

さらに、この世界で成功するかどうかは、基本的に肉体とマインドの優れた能力をどれだけ生かせるかにかかっている。つまり成功するためには、内側が快いということが基本なのだ。

人は快さを感じているときに肉体と思考が最も機能的に働く。これは、医学的にも科学的にも数多く証明されている。至福の状態を24時間保つことができれば、2倍の知力を発揮できると言われている。内側の混乱を鎮め、クリアにすることができれば、それは可能だ。

さて、人が「自分自身」と呼ぶ生命エネルギーは時にとても幸せで、時に惨めで、時に平和で、時には混乱している。同じ生命エネルギーが、これら全ての状態になりうる。あなたは自分の生命エネルギーをどの状態にしたいだろう。ジョイ、それとも惨め？　快適、それとも不快？

答えは明らかだ。そこに至る道は人それぞれだろう。しかし、金儲けを企てようが、酒に走ろうが、天国へ行こうと努力しようが、最終目的は快適さである。たとえこの世の中に興味がなくて、天国に行くことだけが唯一の生きる目的だとしても、求めているのは快さだ。

子供の頃から「神様は天国に住んでいる」と言われ続けてきたと思うが、もし「天国は恐ろしい場所だ」と言われたらそこに行きたいと思うだろうか？　行きたくはないだろう。本質的に最高レベルの「快さ」が天国で、「不快さ」が地獄なのだ。だから、それをワインの中に求める人もいれば、神様（Divine、ディヴァイン、ワインとかけている）に求める人もいる。しかし皆が求めているのは、「快さ」なのだ。

幸福を阻むものはただひとつの単純な事実。人は自分の考えや感情のあり方を、自分の外側に委ねてしまっているという事実だ。自分の内側にではなく。

ある日、一人の女が眠りについた。寝ている間に女は夢をみた。ハンサムな男が女を見つめている。男は近づいてくる。さらに、そしてさらに。

その息が感じられるほどに、男は近くに来た。

女は身震いをした。恐怖からではない。

女は聞いた。「何をするの？」

男は答えた。「僕が教えてほしいよ、これは君の夢なんだ」

あなたの頭の中で起きていることは、あなたの夢なのだ。少なくとも夢の中では起きてほしいことが起きるべきではないだろうか？　世界は思い通りにはいかないとしても、少なくとも自分の思考と感情は自分の望むように働くはずだ。しかし今、あなたの思考や感情は自分の指示で働いているわけではない。というのは、あなたは自分の全メカニズムを偶然に委ねてしまっているから。


人間というメカニズムは、地球上で最も洗練された自然界の姿だ。人間は最上のテクノロジーの産物である。問題は人間自身がそれを操作するキーボードがどこにあるか知らないということなのだ。それはまるで、スーパー・コンピューターをツルハシとレンチで扱うようなものだ。その結果、とりとめのない日常生活が人間性にダメージを与えている。生計を立て、子どもを作り、家族を養い、そしてある日死ぬ。それだけで一苦労だ。ミミズや昆虫、鳥、動物が苦もなく行っていることに、人間がこんなに四苦八苦しなくてはならないとはどういうことなのか。

簡単に言うと、私たちの内側の生態環境は混乱している。私たち人間は外側のコンディションを整えれば内側のコンディションも問題なく整うと疑問を持たずに思い込んでいる。しかしこの150年を考えてみよう。テクノロジーは快適さと便利さをもたらしてくれたが、幸福はもたらしてはくれなかった。**外側の世界だけでなく、内側の世界においても私たちがやるべきことを行わない限り、本当に必要なことは実現しない。**

あるとき。雄牛とキジが牧草地にいた。雄牛は草を食《は》み、キジは雄牛についたダニを取っていた。完璧なパートナー関係だ。牧草地の端にある大きな木を見てキジが言った。「昔はあの木のてっぺんまで飛べたのに。今じゃ翼が弱くなって、一番下の枝にも届かないよ」

雄牛は何食わない顔で言った。「毎日少しずつ僕の糞《ふん》を食べな。そしてどうなるかみてみなよ。2週間以内にはてっぺんまで飛べるから」

キジは言った。「何言ってるんだよ。そんなクソみたいなウソ！」

雄牛は言った。「やってごらんって。人間は皆そうしてるぜ」

キジはためらいながら、それをついばみはじめた。なんと、初日にキジは一番下の枝に到達した。そして雄牛の言った通り、2週間以内でてっぺんの枝に到達した。キジはそこに留まって、景色を楽しみはじめた。

老いた農夫がロッキングチェアに揺れながら、木の上の太ったキジを見た。農夫は猟銃を取り出して木の上のキジを撃った。

この話の教訓はこうだ。人はクソみたいなウソによって高みに到達するかもしれない。しかしそこにとどまることはできない。

人はデタラメを自分に信じ込ませて、どんな感情にもなることができる。とりあえずは偽りの幸せ状態を作り上げることはできるだろう。しかし問題はそれが長続きしないということだ。天気のせいで台無しになるかもしれない。株式市場がそれを暴落させるかもしれない。仮にそれが崩壊しないまでも、崩壊するかもしれないと不安になること自体がすでに悪いことだ。幸せがある日破綻してしまう可能性が迫ってるというのは、拷問のようなものだ（多くの場合、災難そのものよりも悪い）。内側の人生が外側の条件にとらわれている限り状況は不安定だ。どうにもならない。それなら解決の道は？

それはきわめて単純な方向転換で解決できる。経験の源と土台は、自分自身の内側にあるということを理解しさえすればよい。経験は、外側の条件によって刺激を受けたり変化を起こしたりするかもしれない。しかし、その根源は自分の内側にある。痛みと快楽、喜びと惨めさ、苦しみとエクスタシー。これらは内側でしか起こらない。人間の愚かさというのは、ジョイを外側の世界から持ってこようとすることだ。外側の世界を自分の中に刺激や何かを起こす引き金にするのはよいが、本当のことは常に内側の世界から起きてくるのだ。

あなたは今、本を持っている。本はどこに見える？　見えている場所を指で示してみよう。見えているそのイメージは、外側の世界のものだろうか？

もう一度考えてみよう。

そのしくみを覚えているだろうか？　光が本に当たる、反射する、目のレンズに入る、網膜に反転した映像が投影される、ということはご存じだろう。つまり実際は本を内側の世界で見ていることになる。

では世界の全てをどこで見るのか？

同じことだ。自分の内側で見る。

これまで起きたことは全て、自分の内側で経験したことだ。光と闇、痛みと快楽、苦しみとエクスタシー。全ては、自分の中で起きていること。もし今、誰かがあなたの手に触れたとしよう。あなたはその人の手を感じていると思うかもしれないが、実際は自分自身の手の感覚を認識しているにすぎない。全ての経験は自分の中で起きているのだ。**人間の全ての認識と経験は100パーセント自ら創造したものだ。**

思考と感情は自分が作り上げるものだとすれば、人は思考と感情を自分の思い通りのものに作り上げることができる。人はアルコールやその他の物質なしに完全に陶酔できるということは、科学的に証明されている。イスラエルの有機化学者ラファエル・メコーラムとその研究チームはプロジェクトを立ち上げ、ヒトの体内から至福物質を特定した。分かりやすく言うと、彼らはヒトの脳内に自然に備わった大麻の受容体があることを突き止めた。なぜか？　ヒトの身体には麻薬を作り出す能力が備わっているからだと彼らは気づいた。ヒトの身体は外部からの刺激なしにそれ自身で至福を作り出すことができる。しかも麻薬のような副作用もなく。アルコールや薬物などある種の化学物質が危険なのは、意識を低下させ、健康を害し、依存性があり、人間を破滅させてしまうからだ。しかし、この多幸感をもたらす麻薬はヒトの体内で生成され自分自身で消費される。それでいて多大な健康と幸福をもたらすのだ。人間の体のシステムは驚くほど自己充足している。最近はほかの似た化学物質も発見されているが、ここで述べた物質は「アナンダミド」と命名されている。これはサンスクリット語で至福を意味する「アーナンダ」を元にしている。このことから「幸福とはある種の化学物質である」と言えるだろう。心の安らぎもまた、別の化学物質だ。実際、私たちが認識する全ての快さは、それが心の安らぎであれ喜びであれエクスタシーであれ、ある種の化学物質である。ヨガのメカニズムは常にこれを知っていたのだ。

内的世界の幸福を得るためのテクノロジーは存在する。喜びに満ちた存在になるための化学物質を生み出すテクノロジー。これが私の言う「インナー・エンジニアリング」だ。もしあなたが意識的になれば、身体システムを活性化し、ただ呼吸をするだけで多くの快さを感じることができる。ほんの少しだけ、内的メカニズムに関心を向ければ十分だ。

このような理解の転換は根本的なものであり、しなければならないものだ。不幸から抜け出す道を探しても意味はない。苦悩から脱出する方法を探しても意味はない。解決への道はひとつ。内側に向かうことだ。

ほとんどの人は平和やジョイはスピリチュアルの最終的なゴールだと思っている。しかしそれは違う。平和やジョイは幸福な人生のための必要条件だ。もし今晩の夕食を楽しみたいのなら、平和で幸せでないといけない。家族と過ごすことや、従事している仕事、住む世界を楽しみたいのなら、平和で幸せでないといけない。平和とジョイは人生の最期にやっと手に入れるようなものではない。これらは人生の基盤だ。平和を最終的なゴールと考えているなら、安らかに眠ったほうが早い（rest in peace ─ 墓碑に使用する言葉）。

「スピリチュアリティ」という言葉は、地球上で最も毒された言葉のひとつだ。平和への道を、スピリチュアルの道と思って歩まないでほしい。平和が究極の望みになってしまうのは、多くの人は平和と縁遠いからだ。私が数年前にテルアビブに行ったとき、「シャローム」は挨拶の中で最上級の言い方だと教わった。なぜかと聞くと「平和を意味するから」との答えだった。そこで私は言った。「平和が究極の望みになる場所が中近東以外にあるかい？」

仮に10日間、食べ物もなく無人島にいるとしよう。そこへ神が現れた。神には輝く光の姿で現れてほしいだろうか？　それともパンの姿で現れてほしいだろうか？　インドのある集落では、食べ物は神として崇拝される。それはその集落では長いこと食糧不足だったからだ。カリフォルニアでは愛が神だ！　人間はそれが何であるにせよ欠乏したものを最高の望みと見なす。覚えておくべきことは、こういったものはどれもあなたを長く満足させてくれない。人間は無限の拡張を希求する。人間の生命は無限の拡張を求めている。それでしか満足できないのだ。

スピリチュアルな探求は、教養に基づいた選択ではない。誰かに誘導されて行うものでもない。それは自然に起こる切望だ。しかし、それは意識的に取り扱わないと、結果は出ない。平和で、至福に満ち、ジョイにあふれる状態を努力することなく実現できれば、あなたは生命の本質を自然と探しはじめる。世界の神秘主義は、人々が自らの力で至福を得るテクノロジーが根付いた地域でのみ発展した。なぜなら人は至福に満ちているときのみ感受性が最高に高められ、本当の意味で生命の様々な側面を探求したいと思うからだ。逆に人は至福を感じていないときは、あえてその探求をする気にはなれない。なぜなら、快くなることが困難な状況では、あえて他の困難なことをしようとは思わないからだ。

あるとき。85歳の男が、ルイジアナに釣りに出かけた。もうやめようかと思ったとき、カエルを釣った。沼地にカエルを返そうとしたとき、カエルが男に言った。「私に情熱的にキスしてよ」さらに言った。「そしたら若くて美しい女性に変身するから」

老人はそのカエルをじろじろと見ていた。カエルはキスをするつもりで口をすぼめていた。すると老人は、魚を入れる袋にカエルを押し込んだ。

カエルは叫んだ。「聞こえなかったの？　1回キスをするだけで、私は若くて美しい女性に変身するんだよ！」

老人は言った。「わしの年になると、若い女とできることなんてあまりないんだよ。もしお前にキスをしたらわしが若くてハンサムな王子に変身するっていうなら話は別だがな。それよりも言葉を話すカエルは金になりそうだ！」

無力さからくる選択は、人生の解決法ではない。自分自身の内なる本質だけで幸せな状態になれないということは、人生の最も簡単な課題さえ非常に複雑な問題に見せてしまう。今現在、平和や幸せであることが、人類にとって最も重大な課題になってしまっている。人類の幸福の追求が、この地球をズタズタに引き裂いてしまっている。

平和でいること、喜びに満ちること、愛にあふれること。こうした単純なことが究極の望みになってしまった理由は、人間が生命のプロセスに全く関心を持たずに生きているからだ。多くの人が「人生（life）」と言うとき、それは人生の飾りを指す。例えば仕事や家族、人間関係、住む家、運転する車、着ている服、敬っている神など。ただひとつ見逃しているのは、生命（life）なのだ。つまり生命のプロセスそのものであり、生命の本質、すなわち、あなた自身のことだ。自分ではないものを自分と見なすのは根本的な間違いである。その間違いを犯したとき、人生は不必要に困難なものとなる。外側の現実に対処することではなく、自分の内側の本質にアクセスし、それを構築することが平和と至福を作る基礎になるのだ。

人は、自分の感覚の範囲内にあるものだけしか体感することができない。しかし、自分の感覚の範囲を拡張すれば、ここに座っているだけで全ての人を自分のように体感することができる。それをさらに拡張すると、全宇宙を自分の体のように体験することもできる。

このような包括的な感覚が私に起こったとき、愛や思いやりとは単なる観念ではないということが分かった。人の気持ちを思いやりながら生きることは、難解なことではない。人間はそうできているのだ。体や心を含め、長年にわたって蓄積したものを自分自身と認識しなければ、あなたはこの一体感を経験することができるだろう。

悟りとは到達したり成し遂げたりするものではない。回帰することだ。人は感覚が外側を認識していると思っているが、人が外側を認識したことは一度もない。認識していることの全ては内側で起きていると理解すること、この完全な回帰こそが悟るということなのだ。

私は人々に、全てのものと一体化する感覚を経験させる方法と、それを深化させることに人生を捧げている。全人類に必要な解決があるとすれば、それは、全てのものとの一体感である。それは、経験しなければならないものであり、そうすることは可能だ。

なぜ人は、自然に悟りを得られないのか。それは、人がこの世界をカテゴリー分けしているという単純な理由からだ。良いと悪い、神と悪魔、高いと低い、神聖なものと下品なもの、純粋と不純、天国と地獄。それらは決して交わらない2本の線だ。

ひとたび人の内側で本来境界線のないものを分断してしまったら、永遠の幸福と自由の境地には到達し得ない。「敵を愛せよ」と人は言われてきた。誰かに敵というラベルを貼った上で「その人を愛せ」とは拷問だ。宇宙をこのようにバラバラに分断してしまったら、完全な一体感には決して到達できない。

問題は人間が基本的な区別を失ってしまったことだ。内側と外側、そして自らの在り方と外部の世界との関わり方との間にある区別。外部の世界との関わり方は、状況や関係性によって違う。外部の世界との関わり方は遠いものであろうが近いものであろうが、それは常に様々な法律や社会規範に支配されている。

しかし、私たちの内側の法則はただひとつ。境界のない融合。私たちの物質的、社会的な世界は境界で成り立っている。しかし、私たちの内側に境界は必要ない。私たちの自然のあるがままの状態とは境界のない融合から生まれるエクスタシーである。それを得るには自分の内側から生まれるガイドラインに従えばよいだけだ。私たちの全ての認識が生まれる内側からの。そのガイドラインに従うには外側からの刺激はあってもなくてもよい。これだけだ。もしこれを自分の内側に完全に確立できれば、外側の世界との関わりはもはや重荷ではない。

人は私によく聞く。「ヨギのあなたには、それは可能でしょう。でも現実の世界に住む私たちに、お互いの関わり合いから軋轢《あつれき》をなくせますか？」。私が人に言うのは、私は洞窟に住んでいるわけではないということだ。私は人々を導いている。私は３００万人のボランティアとともに、世界中で働いている。これはどういうことか？　ほとんどの場合、ボランティアは自分のする仕事の訓練を受けていない（それでも彼らをクビにはできない）。これがどんなに大変なことだか分かるだろうか？　だとしたら、私の人生は最高に厄介でなくてはならない。しかし、人は私が悩んでいるのを見たことがない。それは私の在り方（内側）は、外側で起きていることに決して影響されないからだ。これは、何も別世界の話ではない。全ての人間はこのように生きることができるのだ。

もし「天上の世界」の誰かがあなたを救済して、全ての問題を解決してくれるとまだ信じているのなら、次のことを思い出してほしい。あなたは丸い惑星に住んでいる。その惑星は自転している。あなたが上を見るとき、明らかに間違った方向を見ている。この広大無辺で常に拡大を続けてきた宇宙の中で、何が上で何が下なのか？　知る手がかりなどない。この宇宙のどこにも「こちらが上」という標識はない。今、あなたが理解する区別は内側と外側だけだ（しかしヨギにはこの区別すら消滅している）。

数千年の昔、一人のヨギがヒマラヤ山脈の高嶺に現れた。後にアディヨギとして知られることになる最初のヨギだ。彼がヨガの科学を、後に世界中に広めることになる7人の弟子に伝授した。アディヨギが弟子に授けたのは自己探求と変革についての想像を超える深遠なシステムだった。その前提となるのが、人間は意識的に進化できるという革新的な考え方だ。進化といっても生物学的な意味の進化ではない。スピリチュアルの進化が意識的に起きるということだ。アディヨギは言った。「必要なのは意志だけである」

彼の智慧《ちえ》の真髄を数行で表すとこうなる。「『上』と『下』、『善』と『悪』、『神聖』と『冒瀆《ぼうとく》』。これらは全て思い込みだ。これに対し『内』と『外』。これは確かなものであり、私たちが関わっていくことができる」。これはアディヨギが人類に授けた最も偉大なもので、深遠かつ永遠の真理である。**内側に向かうこと**だけが唯一の解決法なのだ。

あるとき。ある男が南インドにある私のイーシャ・ヨガ・センターを探しに来た。彼は近くの村で男の子に聞いた。「イーシャ・ヨガ・センターまであとどれくらい？」。男の子は頭を掻いて返事した。「4万㎞だよ」。男は仰天した。「何？　そんなに遠いのか！」

男の子は言った。「そう、おじさんが今向いてる方向に進めばね。反対方向に行けば、たった6㎞だけど」

外に向かって行けば終わりのない旅。内に向かって行けばただの一瞬。

この一瞬で全てが変わる。この一瞬で、あなたはもうジョイを追い求めはしなくなる。その代わり、あなた自身がジョイを表現するのだ。

自分の運命は自分でつくる

かつて私は、世界の貧困解消についての国際会議に参加したことがある。会議には社会的地位の高い著名人やノーベル賞受賞者たちも参加していた。

参加者の一人が言った。「なぜこのような問題を、私たちが解決しなければならないのでしょうか？　全ては神の意思ではないでしょうか？」

私は答えた。「もし死ぬのが自分の知らない誰かなら、飢えで苦しんでいる人が自分の知らない誰かなら、それは神のご意思でしょう。でも飢餓で苦しむのが自分だったり、死ぬのが自分の子どもだったりしたら、解決しようとしませんか？」

私たちは自分に関わる問題ならいつも自分でどうにかする。それが他人の不幸という問題になると「運命」という言葉で説明する。

なんて便利な言葉。「運命」はよく使われるスケープゴート、失敗に対処するためのやり口、全ての不都合に折り合いをつけるためのお決まりのごまかしとなった。しかし内側に目を向けることは、受動から主体的行動に移るための最初のステップだ。つまり運命の犠牲者だった自分を、運命のマスターにするのだ。

１００年前まで人々が「神のご意思」と信じてきた様々な疾病は、今や私たちの支配下にある。これは人間が疾病の治癒に対処してきたからだ。ポリオがひとつの例。「ポリオ」は最近まで多くの人々を恐怖に陥れてきた。私も大人に成長するまでに、学校や近所で私と同年齢のポリオ患者をたくさん見てきた。彼らは車いすで残りの人生を過ごす運命だった。それはよく目にする風景で、彼らは二度とその足で歩くことはできないと誰もが信じていた。ポリオ患者たちの感染は神の定め、つまり運命だと思われてきた。

ポリオは20世紀初めに先進国で最も恐れられていた病気で、数千もの子どもたちが不治の病として麻痺《まひ》に冒されていた。１９５０年代から１９６０年代に効果的なワクチンがこの病を事実上根絶した。発展途上国でポリオが深刻だったときには、予防接種が導入された。１９８８年の１年間で世界中の35万人もの子どもたちがポリオに罹患したが、２０１３年には４１６人にまで減少。２０１２年にはインドは、もはやポリオ流行国のリストに入っていなかった。インドのように巨大で、物事が容易にいかない国においてでさえ、行政の広告活動、官民の協力、効果的で適正価格のワクチン、コミュニティ活動への参加、そして世界中のヘルスケア団体の協力といった様々な要因によって、ポリオ根絶は可能であることを証明した。

人間でいるということは、その時々の状況を自分の望み通りに作ることができるということだ。しかし今日、世界のほとんどの人は置かれた状況に決定づけられてしまっている。これは単に置かれた状況に対して反射的な行動をすることで生きているからだ。人が必ず疑問に思うのは「どうして私はこんな状況に陥ってしまったのだ？　これは私の運命なのか？」というものだ。私たちは自分が責任をとりたくないものや論理的に納得できないもの全てに、「運命」というラベルを貼る。それは慰めになる言葉だ。しかしそれは人間を無力にするものでもある。

状況を自分の望み通りにするには、まず自分が何者なのかを知らなくてはいけない。問題の根本は、人はまだ何が自分なのかを知らないということだ。「何が自分なのか」というのは、これまで蓄えてきたものの寄せ集めではない。現時点で自分が「自分自身」だと思っているものはただの総体だ。肉体は単に食べてきたものの総体である。マインドは単に感覚を通して得てきた印象の総体だ。蓄えてきたものは「自分のもの」ではあるが「自分」では決してない。

それでは、あなたは誰なのだろう？　あなたはそれをまだ実質的に知らない。その知覚はまだ無意識の状態にしかない。あなたは「自分が誰であるか」によってではなく、これまで蓄積してきたものを通して人生を生きようとしている。さらに言うと、人はこれまで蓄積してきたものが何であるかということさえ明瞭に理解してない。

人は何年もかけて、印象の蓄積に基づいて自分の行動や思考の傾向を身につけた。これらは完全に変えることができる。しかるべき内的トレーニングを積み、内的テクノロジーを実践すれば、現在の傾向、過去の経験、遺伝子、環境にかかわらず、短期間で全く違う自分に生まれ変わることができる。

この世の全てのものは、自然の法則に基づいて存在している。自分の内側にある生命の本質を理解すれば、自然の法則の範囲内でそれを完全にコントロールできる。具体的な例で考えてみよう。私たちには翼はないが、１００年前から空を飛ぶことができる。それは自然の法則を無視してではなく、自然の法則を深く理解することによってである。本書で探求するテクノロジーは、究極的には生死のプロセスをも自在に操作することができる深遠な科学のほんの一部だ。

運命とは無意識に書いたシナリオだ。もし自分の肉体を完全にコントロールしているなら、人生と運命の15〜20パーセントは自分の手の内にある。もし自分のマインドを完全にコントロールしているなら、人生と運命の50〜60パーセントは自分の手の内にある。もし自分の生命エネルギーを完全にコントロールしているなら、人生と運命は１００パーセント思いのままだ。

あなたは今このときも、自分の人生を選択しているが、全く意識することなく人生を選択している。しかし意識せずに行っていることは、意識的に行うこともできる。意識的に行うか行わないかでは雲泥の差ができる。無知と悟りの違いはここだ。

怒りや恐れ、不安、ストレスなどの不快感があなたに起きる理由は、あなたの基本的な機能、すなわち肉体、マインド、生命エネルギーがあなたの思い通りに働いてないからだ。マインドと肉体はあなたの内側の生命に役立つためだけに存在しているのに、なぜ生命はマインドと肉体の奴隷になってしまっているのだろう？　これは生命の機能を完全にゆがませるものではないか？

運命を手中にするというのは、全てのことが思いのままになるという意味ではない。外側の世界には変化する要因がたくさんあって、１００パーセント望み通りにはならない。外側の世界を自分の望み通りにしたいという欲求は、征服や専制、独裁への道だ。

あるとき。シャンカラン・ピライ（前書きに登場した南インドの男。本書を読み進めていく中で度々登場する）は仲間と飲みにいった。ちょっとだけ飲んで夜の8時には家に帰ろうと思っていた。そして確かにそうした。ちょっと飲んで、少し飲んで……。そしてまた1杯。腕時計を見ると夜中の2時半だった。彼はバーのスツールから降りた。なんてこった。シャンカラン・ピライは回転する丸い地球の上を器用にバランスをとって家路に向かった。

公園を横切る近道で、彼はバラの茂みに頭から倒れ込んだ。顔は傷だらけになってしまった。起き上がって再び家路に向かった。何とか家にたどり着き、鍵穴を探した。近頃の鍵穴はなぜかとても小さい。開くまでにさらに20分が経った。

やっとのことで家に入り寝室によろけこんだ。都合良く彼の妻は熟睡していた。バスルームに入って鏡を見るとひどい顔だった。薬棚から薬と絆創膏《ばんそうこう》を取り出し自分なりに手当てした。そしてできるだけ静かにベッドに入り込んだ。

翌朝、妻が彼にバケツの水をぶっかけた。

ずぶ濡れになったシャンカラン・ピライは抗議した。「なんでだ?! 今日は日曜日じゃないか！」

妻は言った。「このバカ！ また飲んだのね！」

「違うよ。半年前に約束してから一滴だって飲んでないよ」

妻は夫のシャツをつかんでバスルームに連れていった。なんと鏡の一面に絆創膏が貼ってあった。哀れなこの男は、昨晩、「鏡に映った自分」に必死に絆創膏を貼りつづけていたということである……。

痛み、惨めさ、怒りが湧き起こったら、それは自分の周囲ではなく自分の中を見つめるときだ。幸福を求めるなら、自分自身を解決しなければならない。病気になったら、治療が必要なのは自分自身だということを人は忘れてしまっている。空腹なら食べ物が必要なのは自分だ。解決しなければならないのは自分だけだ。しかしこの単純な事実を人は一生かかっても理解できないでいる。

自分の運命をつくるというのは、世の中全ての状況を自分が操作しなければならないという意味ではない。自分の運命をつくるというのは、幸福に向かって、そして自分の究極の本質に向かって、着実に進むということだ。自分の周囲がどうであろうと。それは単純に、自分の周りで何が起きてどんな状況にあろうと、それに支配されない自分自身をつくるということ。その状況を**「乗りこなす」**ということだ。

スピリチュアル・プロセスとは、あなたの考えを世界に押しつけるということではない。それは創造物と創造者、それに原子単位の全ての存在があなたに身をゆだねずにはいられない状態を作り出すことだ。好き嫌いだけを追求すれば、この広大な世界の中であなたは孤独を感じ、絶えず自信のなさや不安定感、精神的な問題に苛《さいな》まれることになる。しかし、ひとたび世界があなたに従うようになれば、あなたを今までとは違う神の恩恵のある場所へと導いてくれる。全ての石ころ、岩、樹木、原子が、理解できる言葉で話しかけてくる。常にあなたの周りでは、数え切れないほどの奇跡が起こっている。花は咲き、鳥はさえずり、ハチは音を立てて飛び、雨粒が滴り、夕方の澄み切った空気の中を雪片が舞い散る。世界は魔法で満ち満ちている。どう生きるかをマスターすれば、生きるということは奇跡が毎日起きるようなものなのだ。

自分が誰かなど関係ない。やるべきことをしない限り、求める人生は手に入らない。自分は良い人間だと思っているかもしれない。しかし、庭木に水をやらなかったら花は咲くだろうか？結果を求めるならやるべきことをやらなければいけない。良い悪いの判断は基本的に人間と社会に条件付けられている。社会規範としてはよいだろう。しかしそういった問題は生命とは関係がない。生命の存在は、私たちに対して善悪の判断はしない。我々全てを同じように扱うのだ。

ある冬の朝、一人の老人がミシガン湖に釣りに行った。朝10時。氷に小さな穴を開け、缶ビールの入った木箱をそばに置いて座った。釣果だけが釣りではない。釣りは忍耐のゲームである。老人はそれを知っていた。彼は釣糸を垂らした。缶ビールが次から次に空になっていった。そして魚籠《びく》も空のままだった。

時は経過し、午後4時。魚籠はまだ空だった。ビールの籠も空だった。

そこへ若者がきた。大型のラジカセを担ぎヘビーメタルを大音量で流していた。若者は老人の近くの氷に穴を開け、座って釣りをはじめた。音楽は相変わらずやかましく流れていた。

老人は隠しきれない軽蔑の眼差しで若者を見た。「俺は朝からずっと静かに座っているが一匹も釣れない。この馬鹿は午後4時にきてやかましい音楽を流しながら魚が釣れると思っている。

若い馬鹿ほど救い難いものはない！」

驚いたことに、ものの10分で若者は大きな鱒《ます》を釣り上げた。老人はただのまぐれだろうと受け流し、釣りを続けた。さらに10分後、若者はまた大きな鱒を釣った。

老人はもう無視できなくなった。すっかり驚いて若者をじっと見た。そのとき、信じられないことに若者はさらにもう1匹大きな鱒を釣り上げた。

プライドを捨て、老人は若者に近づいていった。「コツを教えてくれ。俺はここに一日中座っているのに魚籠は空だ。お前はすでに3匹も大きなのを釣った。一体どうやったんだ？」

若者は言った。「リリルロ、ラッラレロルンラロ」

老人は耳に手をあてて若者に聞いた。「何だって？」

若者はステレオの音量を下げて言った。「リリルロ、ラッラレロルンラロ」

老人は面食らった。「何を言っているのかさっぱり分からん」

若者は手にフニャフニャ動く物体を吐いて言った。「ミミズをあったためとくんだよ」

やるべきことをしない限り、本当に求めるものは手に入らない。主義や哲学は社会が生み出したものにすぎない。今、あなたは自分自身が実在する存在だということに目覚めるときだ。心理的な狂気に囚われている存在ではなく、生きている存在だということに。そうすれば運命は自分のものになる。１００パーセント自分だけのものに。

これは根拠のない約束ではない。確実に保証できるものだ。

行く手を阻むものは何もない

あるとき。ある晩、夫婦の間に口論があった。今夜は夫と妻のどちらが玄関のドアを閉めるか、という問題だ。

笑って済む話ではない。とても深刻だ。今日はどちらが玄関のドアを閉めるか、今夜は誰が庭の灯りを消すか、誰が犬を散歩に連れていくか。離婚問題に発展しかねない問題である。

口論は激しさを増した。妻は決心した。「最後に負けを認めるのはいつも私。今日は負けないわ」。夫も同様に決心を固めていた。「こいつはいつも俺に指図ばかりする。この女が何を言おうが、今日は絶対に譲らない」

大げんかの幕開けだ。どの家庭もそのような口論のときは、それぞれの解決法がある。この家ではけんかが行き詰まると夫も妻もだまって座る。最初に言葉を発した方が玄関に行ってドアを閉めなくてはならない。

2人は石のように黙りこくって座っていた。数分は数時間になった。夕食がテーブルに置かれていた。もし夫が「食事がしたい」と言えば、夫がドアを閉めることになる。もし妻が「夕食を始める」と言い出したなら、妻がドアを閉めることになる。

深夜。2人はまだ座っていた。数人のごろつきが、この家の玄関が開いているのを見つけた。灯りがもれていて、誰もいないし何もない。全てが静かだ。ごろつきたちは何が起きているのか知るために居間をのぞいた。そして夫婦が固まったように沈黙して座っているのを発見した。

ごろつきたちは沈黙した2人を見て少しギョッとした。そして一か八かの賭けに出ることにした。彼らは居間の中の貴重品をいくつか手に取ってみた。2人は何も言わなかった。ごろつきたちは楽しくなってきた。大胆にも食卓の席について夕食を頂戴した。2人は完璧に沈黙を保った。

ごろつきたちは面白く感じてきた。ここでは一体何が起きてるんだ？ さらに大胆になって1人のごろつきが妻にキスをした。それでも夫婦は一言も発しなかった。最初に言葉を発した方がドアを閉めにいかなくてはならない。あまりに危険だ。

ごろつきたちは少し怖くなってきた。こんな気味の悪い家は出て行こうと思った。でも出て行く前にこの家に押し入りしたという証拠を残していこうと思い、夫のひげを剃ることにした。ごろつきの1人が剃刀《かみそり》を手に夫に近づいた。

ついに夫が口を開いた。「分かった。ちくしょう、俺がドアを閉める！」

「責任は誰が持つのか？」。シナリオは人によってそれぞれ異なるだろう。しかし同じような問題が自分の人生を左右するということはなかっただろうか？

「責任は誰が持つ？」

これは大きな問題だ。この問題をもっと正確に言い直してみよう。「今の自分がこうなったのは誰の責任？」

遺伝子？　父親？　母親？　妻？　夫？　教師？　上司？　義母？　神？　政府？　これら全部？

これは誰にでも当てはまることだ。誰かに聞いてみるといい。「どうしてあなた、こんなことになっちゃったの？」。典型的な答えは「子どものときに両親が……」。バリエーションはいくつかあるにせよ、よくある話だ。

惨めになるための昔ながらの方法がある。惨めになるには誰の助けも要らない。私たちはみんな惨めになるエキスパートだ。人は毎日100回くらい様々な方法で責任を転嫁する。

私たちのクォリティ・オブ・ライフ（生活の質）は、複雑な状況に対応する能力によって決まる。状況に対して知性や能力、感覚で対応する代わりに、衝動的、反射的な対応をとれば、人はその状況に囚われてしまう。自分の中にある本質的な生命をフルに生かすのではなく、自分を周りの状況に委ねてしまっている、ということだ。

完全に責任を持つということは、完全に意識的になるということ。自分の肉体だと思っているものは、これまで摂取してきた食べ物の蓄積。自分のマインドだと思っているものは、これまで感覚を通して蓄積してきたものだ。それを超越したもの――あなたが集めなかったもの――こそが「本当の自分」だ。生きているということは意識することである。ある程度は誰もが意識を持っている。しかし肉体やマインドを超越した次元に触れたとき、意識の根源に触れることができる。そのとき全宇宙は意識であることを悟る。あなたは、生きている宇宙に存在しているのだ。

物質的次元と心理的次元は両極がある世界に属する。苦痛―喜び、愛―憎しみ、男性的―女性的など。ひとつが出現すれば、もう片方も自動的に出現する。しかし人が「本当の自分」という基本に立ち戻れば、どのような両極性も超越する。そして、あなた自身の本質だけで至福な状態になれる。あなたは自らの運命のマスターなのだ。

「責任」という言葉には劇的に変革を起こす力がある。今、私たちはその力を取り戻さなくてはならない。あなたの生命にも。そして魔法を経験しよう。

責任。この言葉の意味を吟味するところから始めよう。「責任」はよく間違って使われる言葉だ。あまりに使われすぎて、本来の強い意味が失われてしまった。「責任」は「世界の重荷を背負う」という意味ではない。自分がしたこと、あるいはしなかったことについての非難を受け入れるという意味ではない。「絶え間ない罪の意識を感じながら生きる」という意味でもない。「責任」は単に**対応する能力**[*1]という意味だ。「これは自分の責任だ」と思うなら、対応する能力がある。「これは自分の責任ではない」と思うなら、対応する能力がない。これだけのことだ。大切なのは次のことに気づくことだけである。人は、自分であること全て、そして自分でないこと全てに責任がある。自分に起こり得ること全て、そして自分に起こり得ない全てに対して責任がある。

これはマインド・ゲームではない。生きやすくなるための自己啓発の戦略でもない。哲学の理論でもない。これは現実だ。肉体が絶えず全宇宙に対応することができるからこそ、人間は存在できる。もし肉体が対応しなかったら人は一瞬だってこの世に存在できない。分かるだろうか？

人は樹木が放出しているものを吸っている。人が吐いているものを木々はこの瞬間吸収している。このやりとりは現在進行中のものだ。意識していようがいまいが、肺の機能の半分は1本の樹木に依存している。あなたはこの相互依存関係を体感したことがない。せいぜい頭で分かっている程度だろう。もしこの関係を本当に体感したのなら「木を植えて、森林を守り、地球を救おう」などと言う必要があるだろうか？　そんなことをする必要さえあるだろうか？

「責任をとる」というのは自分と現状を和解させる都合のよい哲学ではない。それは単に現実に対して目覚めるということだ。全宇宙に対応するこの能力は、すでに現実に存在するものだ。思考と感情がこの事実に意識的になりさえすればよいのだ。

会社で何か問題が起きたとしよう。それが部下の愚かな行為が原因だとあなたは思う。部下を問いただし、怒り、クビにするかもしれない。血圧が上がる。後味の悪い空気が社内に漂う。数日、数週間経っても、怒ったあとの不快な空気が自分にもほかの人にも感じられる。平穏さを回復させ仲間との信頼関係を取り戻すために、特に頑張らなくてはいけないだろう。

ここにもうひとつの選択肢がある。状況をあるがままに受け止め、その責任をとる。責任をとるというのは、人を非難する代わりに人からの非難を受け入れるということではない。それはひとえに「意識して状況に対応する」ということだ。責任をとれば、状況に対応する方法を必ず模索しはじめるだろう。解決方法を見いだそうとするのだ。

もし常に、この「あるがままに受け止めて責任をとる」モードになることができれば、自分で状況を作る能力が高まっていく。人生とその複雑な事柄への対応能力が高まれば、可能性は広がり、力が満ちはじめる。周りに対してとるべき責任を果たせば、あらゆる状況の中心に自分を置くことができる。家庭の、仕事の、それに宇宙の状況の中心にさえなることができる。自分がこれらの状況に必要不可欠な存在になったときには、自分の中にもはや不安や不満はなくなっている。

なりたい自分になる自由を手にできるのは、自分には責任があると理解したときだけだ。置かれた状況にただ反応することでは得られない。**反射的な対応は奴隷になることであり、責任を果たすとは自由になることだ。**自分自身を思い通りにできるなら、人生も思い通りにできる。自分の外側で起きる生命（人生）は１００パーセント思うようにコントロールできないだろう。しかし自分の内側で起きる生命（人生）は常にそれが可能だ。

一方で、最初の反応である怒りは普通、非知性的な行動を引き起こす。怒りは基本的に自滅的だ。自分の人生を振り返ってみよう。怒っているときにこそ、最もバカバカしいことや人生で最もネガティブなことをしでかしている。何より、自分が自分自身の妨げになっている。自分自身の妨げになるように幸福を破壊して生きるのは、明らかに知性のない選択だ。

私はここで何もモラルの議論をしているのではない。短気になることが倫理的に間違っていると言っているのでもない。もし怒りが快適な体験なら、怒りを爆発させればいい。問題はそれが人にとって、そしてその人の怒りを受け止める相手にとって、とびきり不快だということだ。加えて非生産的で非効率的である。

私は怒りのコントロールやアンガー・マネジメント戦略について述べているのではない。初めてアメリカに来たとき、ストレス・マネジメントについて皆が語っているのを聞いたが、それには面食らった。何でストレスをうまく扱いたいと思うのか？　私はそれまでずっと、うまく扱うものは自分にとって貴重なものだけだと思っていた。例えばお金や仕事、家族などだ。ストレスは生きていく上で避けられない、と人々が思い込んでいることを理解するまで時間がかかった。彼らは理解していない。ストレスは完全に自分が作り出したもので、自傷行為のようなものだということを。自分の内的生命に責任を持てば、**ストレスなどというものは存在しないのだ。**

つまり、怒りは爆発させることで状況を変えられるもの、という間違った考えに根付いている。しかしあなたはこれまでの人生の経験から、正しいのはその逆だということを知っている。自分の感覚と知性を捨て去ることで状況を改善させることなど決してできないということを。怒ることでは泥沼にはまるばかり。これが明確に理解できたとき、変化への最初のステップを踏み出したことになる。

これを裏付ける多くの医学的、科学的な証拠がある。怒りの状態のとき、人は文字通り自分の体を汚染している。これは血液検査のような簡単なもので検証できる。怒っているとき、人の化学的構造は変化して体に中毒が起こる。激しい活動や睡眠はこのような化学的反応の混乱を緩和させることができる。しかし常にこの怒りの状態に陥っていれば、人は肉体的、心理的に最悪な方に向かって突き進んでいるのだ。

怒りが成果を生み出すという一般通念がある。アドレナリンがほとばしる怒りなしでは、この世界では何も起きない、という考え方だ。キューバ革命の伝説的人物、チェ・ゲバラは次のような有名な言葉を残した。「不正が行われるたびに怒りで体が震えるのなら、君は僕の同志だ」。ある意味でこれは正しい。怒りの中にいるなら、人はその仲間の一人でいられる。しかし怒りの外にいるなら、人は宇宙と一体になれるのだ。

あるとき。幼子を抱いた紳士が汽車に乗ってロンドンからブリストルへ向かった。別の紳士がそのコンパートメントに入ってきて、2つの大きなスーツケースをドサッと降ろし、1人目の紳士の隣に座った。

1人目の紳士が2人目の紳士に聞いた。「スーツケースを見て想像したのですが、あなたはセールスマンですか？　私はセールスマンなんです」

2人目の紳士は答えた。「はい、セールスマンです」

「どんな商品を扱っていらっしゃるのですか？」

2人目の紳士が答えた。「螺旋《らせん》状の装置です」。2人目が1人目に聞いた。「あなたはどんな商品を扱っていらっしゃるのですか？」

彼は言った。「コンドームです」

驚いた2人目の紳士が言った。「コンドームを扱っていらっしゃるのに、息子さんを商売先に連れていらっしゃるのですか？　教育上良くないんじゃないですか？」

1人目の紳士が答えた。「この子は私の息子じゃないんです。ブリストルで不良品が発生してしまい、この子はその賜物なんです」

人の不満の種は尽きない。人はその不満を自分のアイデンティティであるかのように持ち歩いている。世の中には「自分の人生はツイてない」と嘆いて生きている人が多い。そういう人たちは自分の身に起きた悪い出来事、取り逃がした運、どんな不当な仕打ちを受けたのかをあげつらう。そして、実際にそうかもしれない。

過去は記憶の中に存在しているにすぎないということを、ほとんどの人が忘れてしまっている。記憶は実在しない。記憶は実存的なものではない。純粋に心理的なものだ。人が対応する能力を取り戻せば、過去の記憶は自分に力を与えるプロセスになる。人が反応の衝動的サイクル（周期）に陥ってしまっているのなら、記憶は現在に対する認識をゆがめてしまう。そして、周囲の状況という刺激に対して不釣り合いな考え方や感情を持ち、行動を取ってしまうのだ。

何を選択するかは常に自分の手中にある。現在の置かれた状況を**意識して対応するのか、もしくは衝動的な反応をとるのか。**この2つの差はとても大きい。これは雲泥の差だ。

何かとんでもないことが起きたなら、賢くなければならない。最悪のことが自分の身に起きれば、誰よりも思慮深くなくてはいけない。しかし多くの人は、賢くなる代わりに傷を負ってしまう。意識を持って対応すれば、あらゆる人生の状況（仮に悲惨なものであっても）さえも自分を成長させる機会と捉えることができる。だが習慣的に「誰かのせいで今の自分はこうなのだ」と考えてしまっているのなら、その状況を単に自己破壊か停滞する機会にしか利用していないことになる。

ある女性の心動かされる話がある。この女性は恐ろしく残酷な体験を通し、素晴らしい人間に生まれ変わったのだ。第2次世界大戦の初め、オーストリアにある家にナチスの兵士たちが闖入《ちんにゅう》してきた。兵士たちは大人を別々に連れ去り、13歳の姉と8歳の弟は列車の駅に連れていかれた。他の子どもたちと一緒に列車が到着するのを待ちながら、男の子たちはゲームを始めた。その後に何が起こるかも知らずに。

貨物列車が到着すると兵士たちは子どもたちを列車に乗せた。貨物列車に乗ってから、姉は弟が靴を履き忘れていることに気づいた。厳しいオーストリアの冬である。靴を履かないでいれば足を失ってもおかしくない。姉は烈火の如く怒った。弟の体を揺すぶり、耳もとを殴って弟を責めた。「この馬鹿！　私たちもう十分悲惨な目に遭っているのよ。お父さんもお母さんもどこにいるか分からないの！　私たちがどこに連れていかれるかも分からないのよ！　それなのにあんたは靴をなくしたの？　私にどうしろっていうの？」

次の駅で2人は別々に引き離された。姉と弟が互いを見たのはこれが最後となった。

3年半ほど後、姉は強制収容所から出てきた。そして家族の中で生き延びたのは彼女1人であることを知った。弟を含めた家族は、跡形もなく消えてしまったのだ。弟も。残されたものは、生きていた弟に最後に投げつけた刺々しい言葉の記憶だけだった。

彼女がその後の人生を変えることになる決心をしたのはそのときだった。「誰に会うにせよ、その人に対して後悔するような言い方はしない。それが最後の出会いかもしれないから」。彼女は打ちひしがれて自責の念にかられて生きたとしてもおかしくはなかった。しかし彼女はひとつの決心をした。そしてそれは彼女の人生を著しく変えたのだった。その後の彼女の人生は豊かで充実したものだった。

人生最悪の経験でも、それを受け入れれば栄養の源ともなり得る。「私は今の私の在り方に責任を持つ」。最大の逆境を自分を成長させる手段に転換することもできる。現在のこの現状に対して100パーセントの責任をとることができるなら、さらに明るい明日を創ることは可能だ。しかし現状について何ら責任をとらなければ（自分が今の状態なのは親、友人、夫、ガールフレンド、同僚のせいだと責めれば）、未来が訪れる前に来るはずの未来を捨ててしまっていることになる。

人は何も持たずにこの世に生まれ、何も持たずにこの世を去る。人生の豊かさは、あなたがどれだけ自分の経験を肥やしにしてきたかにかかっている。汚物を花の香りに変化させることができる。肥やしをマンゴーの甘さに転換できる。あなたが意識的に対応する状態にいられれば、どんな逆境も障害にはならない。意識を持っていれば、どんな状態に置かれていようが、それは人生経験の質を高めるだけである。

恨み、怒り、妬み、痛み、傷心、憂鬱は、他の誰かが死ぬことを期待して自分が飲んでしまう毒だ。人生とはそのようなものではない。ほとんどの人は、この単純な心理を理解するのに何生もかかる。

責任とは何かをはっきりさせた。では次に何が責任ではないかを考えてみよう。基本的な誤解を解くことから始めよう。

責任をとるということは自由を得るための妥協だと多くの人は思っている。これは単純化したレベルでは論理的に正しく思える。しかし実際には全くの見当違いだ。

具体的に考えてみよう。ペンがテーブルから落ちた。それに責任があると思うなら、そこにはいくつかの選択肢がある。ただ屈んでペンを拾うことができる。それができなければ、誰かに手伝ってくれるように頼めるかもしれない。今すぐ行動する気がなければ、後で拾えばよいかもしれない。

反対に、もしペンが落ちたことに責任をとらないのなら何ができるか？　できることは何もない。

どちらに自由がある？　選択肢がある方、それとも選択肢がない方？

「全ての責任を放棄すれば自由になれる」と自分の論理的な部分は言う。しかし、自分の周りの全てに対応する能力が高ければ高いほど自由になれることは経験で知っている。人間の論理的側面と生命の本質的な側面は正反対に働く。論理は有用なものではあるが、それが役立つのは生命の物質的な側面を扱うときのみだ。人生の全てに論理だけで対処するなら混乱するだけである。

次に多くの人はよく「責任」と「反応」を混同している。少し前に、この2つは違う世界だということを証明した。「責任」は意識から生まれ、「反応」は無意識から生まれる。「責任」は自由で、「反応」は囚われの状態だ。

この違いをもっと明確にしよう。責任は反応でもなければ行動でもない。

責任と行動は違う次元のものだ。「対応する能力」は行動する自由を与えてくれる。また行動しない自由も与えてくれる。つまり自分の人生の運転席に座らせてくれる。起こそうとする行動の性質を決定し、そのレベルを調整する力を与えてくれるのだ。責任は衝動的行動ではない。そこには**行動の選択**があるのだ。

今日、世界中の全てに従って行動できるか？　それは無理だ。しかし世界中の全てに「対応」することはできる。行動するときは、自分の強さ、能力、エネルギー、年齢、状況などの資質をよく分析し判断した上で起こさなければならない。行動する能力には限界があるが、「対応する能力」には限界がない。望みさえすれば全てのものに対して「対応」できるのだ。

子どもに対する責任があるからといって、彼らのために全てをしてあげられるだろうか？　もし子どもたちのために全てをしてあげれば、彼らの人生はめちゃくちゃになってしまう。自分の責任感覚が、子どもたちに何をして何をしないかを決める。「責任」と「抑制のない行動」は全く違う。断じて違う。

では世界の暴力と不正に対してどのように責任をとることができるのだろう？　世界中の戦争と虐殺に対して、悲惨な境遇にある僻地《へきち》に住む人や恵まれない人たちに対して、どう責任をとることができるのか。もちろん、こうしたことは何も自分のせいではない。しかしこういった問題を意識するようになった瞬間に人は「対応」しているのだ。それは気遣いや愛、憎しみ、怒り、憤慨、あるいは行動かもしれない。大抵の場合、それは無意識の反応にすぎず、意識的な「対応」ではない。もし対応する能力を自発的なプロセスにすることができれば、あなたの中に新しく素晴らしい可能性が誕生する。自分の内側の潜在能力が花開くのだ。

人は月に「対応」できるか？　できる。肉体と生命エネルギーは確実に「対応」している。月のサイクル（周期）に「対応」して海の汐が満ちるとき、自分の身体システム内の水は上昇しないとでも思うだろうか？　あなたは宇宙飛行士ではないかもしれない。月面を歩くことはできないかもしれない。しかし月に「対応」することはできるし、実際はすでに「対応」している。進んで意識的に「対応」することを選択するだけでよいのだ。

多くの人は責任とは能力のことだと思っている。

しかしこれも間違っている。行動の話ならば能力は役立つ。しかし「対応」となれば、それは単に自発性の問題なのだ。

通りで誰かが死にゆくのを見たとして、あなたに責任があるか？

もし自発的に「対応」するのなら、いくつもの選択肢を模索するだろう。自分が医者なら直接助けようとするだろう。医者でないなら救急車を呼ぶだろう。それを他の人がすでにした後だったら、少なくとも心配するだろう。しかし責任をとらなければ、目の前で人が死にゆくのを石のようにじっとして見ているだけだろう。

「対応する能力」はまさに**自分の在り方**だ。外側の世界とつながっているのは、自分の「行動する能力」だけである。責任とは話したり考えたり何かするということではない。責任とは**存在するる**ということだ。これはまさしく生命の在り方だ。生命は単独で存在するものではなく、独立した自己完結の小さな世界でもなく、宇宙と刻々と続く対話なのだ。だが生命をそのようなものにしようと頑張る必要はない。生命をありのままに捉えるだけでよいのだ。

もう少し深く探求してみよう。責任が「状況に対応する能力」なら、別の質問をしよう。人の対応能力は有限だろうか、それとも無限だろうか？

人は植物に対応できるか？

できる。

街にいる知らない人には？

できる。

月には？

できる。

太陽には、星には？

できる。

全宇宙には？

できる。

実際これまでみてきたように、身体の中の全ての素粒子は、エネルギーの偉大なダンス、つまり宇宙に絶え間なく「対応」している。

偉大で深遠な生命のプロセスを体験できないただひとつの理由は、マインドが抵抗しているから。心理的な構造が妨げになっている。その気になれば、人生の一瞬一瞬は素晴らしい体験になる。息を吸って、吐くという単純な行為が、甘美な体験にもなるのだ。

なぜマインドはこれに抵抗するのか？

「2人分の責任をとるだけですでに頭痛がするのに、全世界の責任をとればどうなる？　気が狂ってしまう！」。こんな限界がある論理で精神が損なわれてしまっているからだ。

数百万年にわたる進化の中で人間は限界に閉じ込められてしまった。これは人類にとっての窮地だ。だがこれは生物学的なレベルにおいての束縛にすぎない。人間の意識のレベルでは扉が開いた籠の中の鳥のようなものだ。なんて悲劇的な皮肉だろう。人間はとてつもなく長い時間の中でそれに慣れてしまって、自由に飛ぶことを拒否しているのだ。

生命の全ての可能性は開かれている。この世界は誰に対しても邪魔はしない。望みさえすれば、人は全宇宙にアクセスできる。昔誰かが言った。「叩けよ、然《さ》らば開かれん」。人は叩く必要さえない。なぜならそこにはドアなどない。はじめから開放されているのだ。ただそこを歩き進めばいい。

これがスピリチュアル・プロセスの唯一の目的だ。歴史と文化を超え、全てのスピリチュアル・リーダーの人生と務めは「籠に扉などない」と示すことだ。飛び立つことを選ぶか、あるいは籠の中に留まることを選ぶか。意識的な選択をしよう。

多くの人は究極の自由というものを、とてつもない脅威に感じる。確かに脅威ではある。しかしそれは自分の限界にとっての脅威というだけである。自分で自分を束縛する人生を過ごしたいか？　自分の責任を制限することは、肉体、知力、感情の様々なレベルにおいて自分自身を拘束する。残念なことに人はこうした生命を抑圧する行為を安全だと思い、安心している。

植物の種について考えてみよう。種が常に自己保存をしていたら新しい生命の誕生はないだろう。種は自らのアイデンティティを失ってしまうほどの凄まじい困難をくぐり抜けていく。種はその安全性と完全性を失って脆《もろ》いものになる。そして枝葉の繁った木へと成長し、豊かに実をつけ花を咲かす。この脆さなしでは、つまり自己変革を受け入れる自発的な気持ちがなければ、生は芽生えない。

孤独は現代の大問題だ。信じられない。地球上には70億もの人間がいるというのに、それでも人は孤独だ。もし一人でいるのを楽しんでいるのであれば、全く問題ない。しかし多くの人は孤独に苦しんでいる。その結果、深刻な精神的な問題に直面する。もし自分が孤独なら、それは自分自身が孤島になることを選んだからなのだ。そんな選択をする必要はない。「自分には責任がない」では、誰ともうまくやっていけなくなる。そして最終的には自分自身ともうまくやっていけなくなる。「自分は自分の内側には責任がない」と多くの人は思い込んでいる。

対応する能力は**「生命の基礎」**だということをマインドは忘れてしまっている。この能力を自発的に受け入れれば幸福になる。いやいや受け入れれば不幸になる。

責任をとるということは自分の生命の所有権を持つということ。それは完全な人間になるための土台を作る最初の一歩を踏み出したということだ。すなわち完全に意識的であり、完全に人間であるということだ。責任をとり意識的な生き方への旅を始めることで、人は外側の世界、あるいは天を非難する古いやり方に終止符を打つのだ。生命を享受する最高の冒険が今始まる。内側への探求という冒険が。

読者は気がついたかもしれないが、この「責任」という言葉の認識は同義の別の言葉とつながる。その言葉が含む意味は「責任」と驚くほど似ている。私たちがよく知っている、なじみがありすぎると言っていい言葉。使われすぎて粗末に扱われている、いかがわしい4文字。

愛（love）。

その教えはもちろんよく知っているだろう。世界中で「愛は究極だ。愛は崇高だ。愛は神だ。隣人を愛せよ」などと教えられてきた。全ては素晴らしい教えだ。しかし愛そうとするとそれは難しく、しばしば自分が偽善者に見えてしまう。愛するより、愛さない方が簡単に思える。

しかし愛するとは単純にこういうことだ。自由に、そして何に対しても「対応」するということ。現時点ではその対象は1人か2人に限られるだろう。しかしこの能力は、全世界を包み込むものに拡張することができる。

これは街に出て通りにいる全ての人を抱きしめるという意味なのか？　それはちょっとおかしいし、言うまでもなく無責任だ。以前みたように、責任とは行動ではなく、在り方だ。**愛は人が起こす行動ではなく、ありのままの自分自身だ。**

どんな人も誰かのために心の窓をひとつは開放している。もしこの窓を閉めたら気がおかしくなってしまうことを、心のどこかで理解しているからだ。発狂するか自殺するかのオプションしかないだろう。しかし、別のアプローチ方法がある。それは別の窓を開けるということか？　あるいは扉を開けるのか？

いや、もっと効果的なオプションがある。単純に壁を壊してしまってはどうだろうか？

愛とはほかの誰かと何かするものではない。愛とは自分自身だ。愛とは在り方だ。その本質的な意味は甘美な感情を味わいたいということだ。愛する人が別の国に旅に出ても、まだ愛せるか？　愛せる。愛する人が亡くなってしまっても、まだ愛せるか？　愛せる。愛する人が物理的に一緒にいなくても愛することができる。ならば愛とは何だ？　それはただ自分の特質だ。自分の中にすでにあるものを開けるための鍵として他人を使っているのだ。

鍵穴も、扉も、壁もないのに、なぜ人は鍵をいじる？　人は妄想の中で壁や扉を作り上げ、妄想の鍵を作り上げたのだ。そしてその鍵を玩《もてあそ》んでいる。ひとたびその鍵を見つけたらそれを失うことを恐れている。

多くの人にとって愛は最初はジョイだが、しばらくするとジョイは不安に変わる。この鍵には意思があって歩くことができるからだ。この鍵はポケットに入れたり首にぶら下げたりはできない。鍵をしまっておこうとすると、2人とも不幸に向かってまっしぐらに進んでしまう。

ジョイが押しがけスタートで起動するのでなく、自己起動するのなら、自分自身のテクノロジーを改良したことになる。あなたはもはや外側の原因（人であれ状況であれ）の虜《とりこ》ではない。今やあなたには愛する能力がある。ただ座っているだけでいい。外の世界の人たちがどう振る舞おうと至福でいられるのだ。ひとたびこの内側の自由を体験したら、人生で二度と不安を感じることはない。どちらにせよ、あなたが真に至福に満ちた人間なら、人々はあなたの傍にいたいと自然に思うだろう。至福に満ちるということは「生命があふれんばかりに湧き起こっている」ということだ。それこそが生命そのものが求めているものだ。

では人はどのように内側のテクノロジーを改良するのか？

私たちは後の章でこの方法についてつぶさに検討することになる。しかし基本的なステップは、ただ以下のことを意識することだ。**「対応する能力に限界はないが、行動する能力には限界がある。自分、あるいは自分以外のものに対して、自分の能力、あるいは能力のなさに対して、自分のジョイ、あるいは不幸に対して、私は１００パーセントの責任がある。自分自身、または自分自身を超越した次元における本質を決定するのは、この自分だ。私は人生の創造者なのだ」**

必要なものは何もない。反応も行動も能力も必要ない。ただ**「自分の責任には限界がない」**という基本的事実を意識しさえすればいい。一カ所に座っていても、それを意識することができる。道を歩きながらでも、それを意識することができる。仕事をしていても、料理をしていても、ベッドに横たわっているときでさえ、意識できる。

もうひとつ質問をしよう。宗教や文化的背景は何であろうと、「神」という言葉を使うとき、それは正確にはどのような意味なのか？

形式や呼び方や見解はそれぞれ違う。しかし「神」と言うとき、本質的には宇宙にある全てに対して責任のある存在を指す。もし神が「私はあなたに対しては責任がない」と言ったとしよう。そんな神は絶対にお払い箱だ。「神」の真の意味は「限界のない責任」である。

したがって責任とは社会の中での模範行動の教えではない。**責任とは人間が神性を表現する最も単純で簡単な方法のことなのだ。**

スピリチュアル・プロセスの取り組みの全ては、自分で勝手に引いた境界線を壊し、あるがままの自分の果てしなさを認識することだ。無知から生まれる「限界のあるアイデンティティ」から自分を解放し、創造者から頂いた「ありのままの自分」として生きること、完全に至福で無限の責任を持って生きることが目的だ。

チャームンディーの丘の経験の後、私にはひとつのことが明らかになった。人生には「これ」と「それ」はない。存在するのは「これ」と「これ」だけ。つまり全ては**「ここ」**と**「今」**だ。全てのものへのアクセスは「ここ」と「今」である。そしてそれは「対応」する能力につながっている。すなわち神を経験し表現する能力に。

「yes」も「no」もない。あるのは「yes」と「yes」だけ。この選択は自分次第だ。人は生に対して「yes」か「no」で反応できる。しかしそれは存在を絶え間なく分割する行為であり、混乱と不幸の繰り返しのもとだ。もしくは人は生命に対して大きく**「YES」**と応えることもできる。

限界ある責任とは境界をつくることだ。今のあなたが責任があると信じているものは、自分の限界の範囲内にある。自分には責任がないと信じているものは、その限界の外側にある。しかし限界のない責任は、現在のあなたの理解と知覚のレベルをはるかに超越している。生命には思っているよりもはるかに大きな力がある。**「自分の『対応する能力』は無限だ」**という簡単な事実を意識することを選ぶ。その瞬間、あなたの中の生命は完全に新しい形で目覚め、さらに高いレベルの自由へと飛翔する。今や人生そのものが心躍る自己発見の旅なのだ。

外側の世界では多くの流血革命があった。変革を求める人々と求めない人々がいるから革命は暴力的だ。しかし、内なる世界での革命は、たった一種類。静かな革命だ。それは「変革を求めない自分」から「変革を求める自分」に移行することを意味する。

フルタイムの人間でいたいか、それともパートタイムの人間でいたいか？　自分の反応する能力を制限してしまったら、あなたの経験の範囲と性質は、つまらなく、意外性のない、限定された狭いものになるだろう。フルタイムの人間であるということは、全てのものに対して常に活発に「対応」することだ。特別なことはしなくていい。この素晴らしい生きた宇宙の中で、自発的に「対応する」生命の一部でありさえすればいい。

責任は重荷ではない。限界が重荷なのだ。イデオロギー、カースト、信条、人種、宗教、何であれ自分で限界を決めてしまえば、その先に行くことはできない。理由もなく行き詰まってしまう。こうした限界はただ恐怖、憎悪、怒りという結果を生むだけだ。境界が大きくなれば重荷も大きくなる。しかし責任に限界がないのなら、境界をつくることに何の意味があるのだ?

境界を取っ払え。そうすれば重荷は消える。

これが人類の意識に必要な方向転換だ。

この方向転換で、宇宙が自分の思い通りに動きはじめるというわけではない。そうではなく、あるがままの**自分が**宇宙になるのだ。

これは超越ではない。回帰なのだ。

Sadhana ―― サーダナ

今読んでいるこの本を頭から信じ込んではならない。あることが正しいのかそうでないのかを見極めるただひとつの方法は、実際に試すことだ。頭の中で議論するのはやめて、単純に試してみればいい。ヨガの道は信念を受け継ぐことではない。ヨガの道は試みの道なのだ。

まずは実践的な方法を紹介しよう。

食事をするとき、最初の15分間周りの誰とも話をしないでみよう。自分が口にする食べ物、吸う空気、飲む水に、活発かつ意識的に「対応」しよう。

以前話したように、あなたの身体システム全てはどのみち対応している。ただそれに意識的になる。今口にしているこのリンゴや人参、パン。これらを軽くみてはならない。もし数日間食事を摂らなければ、あなたは神について考えなくなるだろう。考えるのは食べ物のことのみだろう。これは今あなたに滋養をつけ、あなたの生命を作っているものだ。まさしく肉体そのものだ。食べ物に全神経を集中させ、対応しよう。

この果物や卵、パン、野菜。全てはそれぞれの生命そのものだが、あなたの一部になるのだ。あなたは自ら望んで誰かの一部になるだろうか？　あなたは自分のアイデンティティを失ってまで誰かの一部にはなりたくない。小指さえ誰かのために差し出す気はない。ほんの一瞬、自分自身をほんの少し引き渡すかもしれないが、大抵は何かが必要なときだけだろう。恋愛さえ計算しつくされた取引だ。しかし生命そのものである食べ物は、自らを引き渡してあなたの一部になるのだ。

後は、声に出さずにこのシンプルなフレーズを思い浮かべる。「責任には限界がない。望めば全てのものに『対応』できる」。これを一日中思い浮かべよう。眠りにつく瞬間までこのことに意識を馳せ、目が覚めたらまずこれを思い出そう。

限界がない本質について、1分だけ意識を持続させてみよう。そうすれば、あなたは素晴らしい変革を遂げるだろう。1分なんて簡単にできると思うかもしれない。だがそこに到達するにはかなりのパワーが必要なことが分かる。たった1分とはいえ、高い次元に昇るために生命の本質を真に理解できるだけの受容力を高めなければならないのだから。今、あなたの意識は不安定だ。この瞬間は意識があるが、次の瞬間は意識が切れてしまっている。今はそれでいい。1時間ごとにこのプラクティスを思い出そう。この意識の練習をしてみよう。意識を深めて、そこで何が起きるかみてみよう。

意識的な対応は、あなたと生命との深遠で永続的なつながりへと導いてくれる。思考や感情が作り上げた生命ではなく、本来の生命だ。この自発的で活発な生命との関わりであなたは生命に抱擁され、創造のまさに根源にまで到達するのだ。

創造者に触れるには意志があればいい。ただそれだけだ。

＊1　対応する能力　「責任」は英語で「responsibility」「response（対応）」の「ability（能力）」という語源に由来する。

「……そして今、ヨガ」

ヨガの科学の最も深遠な書の中にパタンジャリの『ヨガ・スートラ』がある。それは次の奇妙な一行から始まる。「……そして今、ヨガ」

生についての偉大な書物が、こんな不完全な冒頭から始まる。

なぜか？

その理由は次のことに気づいてはじめてヨガと出会えるから。「人間が求めているのは無限であること。それ以外の何ものも自分を満たしてはくれない」。人は常に何かが足りないと感じて生きている。自分が誰であれ、たとえ立派な業績を成し遂げた者だろうと、今自分が手にしているものよりも常にもっと欲しいと思う。これは人間の欲望だ。だが人間の内側の根本的な望みとは、無限の拡張なのだ。

ほとんどの人は自分が求めているものの正体を明確には理解していない。求めているものが意識されないで形をとると、それは強欲、征服、野望と呼ばれるものになる。求めているものが意識されたとき、それはヨガと呼ばれるものになる。

新しい恋人ができる、給料が上がる、新しい家や車を買う。これで全て解決されると思っているのなら、まだヨガを始めるときではない。そんなものを全て、あるいはそれ以上を経験した上で、それでもなお何も心を満たしてくれないことがはっきり理解できたとき。それがヨガを始めるときだ。

そして今、ヨガ。

ではヨガとは厳密に何か？

ヨガを思い描くとすると、あり得ないポーズで体をひねっているというようなものだろう。骨が曲がりそうな、筋肉に結び目ができそうな、歯がきしみそうな、体を無理にゆがめる動き。多くの人にとってはそれがヨガだろう。

最近はトレンドも少し変わってきて、多くのヨガスタジオで呼吸法や瞑想も取り入れている。だから人によってはヨガのイメージとは、穏やかに微笑む顔や、苦もなく蓮華座《れんげざ》を組めるパーフェクトな肉体かもしれない。

しかし**「ヨガの科学」**と言うとき、これらはどれもヨガを意味しない。

ヨガはプラクティスではない。ヨガはエクササイズではない。ヨガはテクニックではない。多くの人が思っているヨガは、その肝心な部分を黒塗りしたようなもので、それが世界を席巻してしまっている。それはインドで発祥した類をみない深遠な科学のパロディにすぎない。

ヨガの科学を一言で説明するとこうなる。**「存在」と自分を完璧に、絶対的な調和を保ち、完全にシンクロする科学である。**

私たちは外側の世界の様々な変動要素に影響される。だが、ヨガは自分の内側を思い通りの状態に作る科学だ。内側で全てが順調に機能するまで自分自身を微調整すれば、最大限の能力が発揮されるのだ。

幸せを感じているときは、いつも以上の能力が発揮できることを皆さんは知っているだろう。まるでエネルギーが無限に供給されているかのように。食事も、睡眠もとらなくても、延々と活動を続けられる。ほんの少しの幸福が、通常のエネルギーと能力の限界から自分を解放してくれるのだ。

肉体とマインドがリラックスしていれば、病気も治る。頭痛がするのに会社に行くとする。頭痛は大した病気ではないが、ズキズキする感覚は仕事への意欲を削ぎ、仕事のパフォーマンスも落ちる。仕事だけでなく生きることそのものの意欲さえも損なうだろう。ただの頭痛によって人生が悩みの種、さらには不幸と化してしまう。しかしヨガのプラクティスによって、人は自分の肉体とマインドの能力を最大の効率で引き出し、それを保つことができる。とは言ってもヨガは肉体とマインドの効率アップを助ける自己啓発ツールや、頭痛から解放する手だてにとどまらない。それらの役にも立つがそれ以上のものだ。

全ての存在はエネルギーの表現であり、単に表現方法と表現形式が違うだけなのだと現代の科学は説く。つまりここに転がっている石ころと同じエネルギーが、別のところでは泥、もしくは木かもしれないし、走っている犬かもしれない。はたまた、ここで今本を読んでいる読者なのかもしれない。つまりは広大な宇宙システムのエネルギーのごく一部なのだ。宇宙はひとつの大きな有機体だ。人の生命はその有機体から独立した存在ではない。人は世界と絶え間なく関わり合っているのだから、世界と無関係に存在することはできない。

この宇宙に存在する全てのものが同じエネルギーとはいえ、それぞれの存在はそれぞれ違ったレベルの容量と形態として機能している。

同じエネルギーが、一方ではバラを咲かすために機能し、もう一方ではジャスミンを咲かすために機能する。太古に土器を作るために使っていたのと同じ材料で私たちは現在コンピューターや自動車、さらに宇宙船さえ作っている。材料は同じ。しかし私たちはそれをより高いポテンシャルのために使いはじめている。自然の進化も本質的に同じ現象だ。地球上の同じ材料でアメーバに始まって人間まで作ってしまうというのは、何と驚異的なプロセスだろうか。

私たちの内的エネルギーも同じだ。ヨガは内的エネルギーを改良し、活性化し、純化することで最大限の能力を引き出すテクノロジーである。人間の能力をこれまで想像もしなかったほどの高いレベルに引き上げる。たまたまこの世に授かっただけで限定的だった生命が、奇跡的なものへと変貌するのだ。

しかしヨガは、肉体、マインド、エネルギーの機能を高める以上の深いものをもたらす。文字通りにはヨガは「融合」という意味だ。ヨガの状態にあるとき、人は全てがひとつになる体験的認識をするという意味だ。これがヨガの科学の本質であり、究極の目的である。

ではこの融合とは？　何と何が融合するのか？

今、あなたは「自」と呼ぶものと「他」と呼ぶものを意識している。この「自」と「他」は人の集団、コミュニティ、国家などに拡大することができるが、この「自」と「他」こそが、世界の争いの根本だ。ヨガの本質は次のようなことだ。ここに自分が座っているとして、ここに「他人」や「自分」などというものは存在しないという深い認識に至ること。全ては「自分」、もしくは「他人」だ。どんなプロセスにせよ、この融合に至るための道筋がヨガなのだ。

ではどうやってこの融合に到達するのか？

いくつか方法はあるが、最初に「一個人・個性」を構成するものについての私たちの考え方を検証してみよう。

私があなたの知らなかったことを話すとき、あなたには私を信じるか信じないかの選択がある。どちらにせよ、あなたは自分の臆測を確固たるものにしようとするはずだ。それがポジティブであろうとネガティブであろうと。それでは、想像の翼に任せることになる。だがヨガはそのプロセスを通して、少しずつ、ひとつの段階から次の段階へと、**既知のものから未知のものへ**とあなたを導く。ヨガは100パーセント経験に基づいた科学なのだ。何かを妄信する必要はない。ヨガはそれぞれの段階で実証することを促す。

まず、「自分自身」という言葉をあなたがどう理解しているか見てみよう。現時点の理解では「自分」という言葉は肉体やマインド（思考と感情を含む）、エネルギーで構成されている。現時点でエネルギーについては自分の経験で理解したものではないだろう。しかし推論によってそれを理解することができるだろう。あなたの体と心が機能しているとするならば、それらの原動力になるある種のエネルギーが必要だ。あなたが知っているのは、肉体、マインド、エネルギーの3つの実在だ。この3つは自分がコントロールできるものでもある。

ヨガが教えるのは、人間は実は5つの「鞘《さや》」、あるいは「層」、もっと簡単に言うと「体」で構成されているということだ。現代の医学に生理学があるように、ヨガにもそれに相当するものがある。それは粗大で物質世界に近いレベルから最も微細なレベルまで導いてくれるものだ。これを鵜《う》呑《の》みにする必要はない。取り組む必要があるのは、あくまであなたが意識することができる現実の範囲に限られる。しかしこの分類は私たちが探検を始める出発地点として役に立つ。

最初の鞘は物質的な肉体だ。これはヨガが私たちに注意を向けさせるもので、アンナマヤ・コーシャ、文字通りに言えば食物体。現時点で人が肉体と呼ぶものはただの大量の食物の蓄積だ。これまでに摂取し続けてきた栄養の産物。そこでこういう名前になった。

2つ目の鞘はマノーマヤ・コーシャ、すなわちマインド体。今日、多くの医者が心身相関の病気について説明する。これはマインドで起きることは肉体に影響するということ。「マインド」と呼ばれるものは、脳のことだけを意味するのではないからだ。マインドは人間の解剖学的な身体の一部分ではない。そうではなく身体のひとつひとつの細胞にそれぞれ知性が宿っており、体全体にマインドの体、マインドの解剖学的構造が存在している。

マインド体に起きることは物質としての肉体に起き、逆にまた物質としての肉体に起きることはマインド体に起きる。マインドの変動の全てに化学反応があり、また全ての化学反応はマインドの変動を起こす。

物質としての肉体とマインドはハードウェアとソフトウェアのようなもの。質の良い電源につなげなければハードウェアもソフトウェアも動いてはくれない。ここで登場するのが3つ目の鞘であるプラーナマヤ・コーシャ、すなわちエネルギー体だ。人がエネルギー体を完璧なバランスに保っていれば、物質としての肉体もマインドも病気にならない。ヒトの遺伝子のメモリとしての機能は完璧ではないことが科学的に証明されている。DNAの基本的な側面を除けば、病気にかかりやすい遺伝的傾向も含め全ては変化し得る。感染病は細菌など外側の生物によって起きる。だが慢性の病気は人間が毎日生産しているものだ。あなたのエネルギー体が活気に満ちあふれ、適切なバランスにあれば、慢性の病気は体に存在することができない。簡単なヨガのプラクティスを通して肉体あるいは心理的な病を克服した多くの人たちを私は知っている。と言っても、こうしたプラクティスは病気を克服するためのものではない。エネルギー体にしかるべき調和と生命力をもたらすのが目的なのだ。

今、あなたは人間には3つの次元があることを理解した。肉体、マインド、そしてエネルギーの次元。基本的にはどの次元も物理的なものだが、それぞれが前の次元よりも捉え難く微細になっていく。喩えれば電球、電気、光の関係。これらはみな物質的だ。1つ目は手に取ることができ、2つ目は感じることができる。3つ目は認識するために眼球のような感度が良いレセプターが必要だ。しかしどれも本質は物質的であり、だからこそ感覚器官によって経験できる。

しかし、ここからは物質的ではなくなってくる。ヴィニャーナマヤ・コーシャと呼ばれる4つ目の鞘、すなわちエーテル体だ。ニャーナは「知識」という意味。ヴィシェーシャ・ニャーナとは感覚を超越した「並外れた知識」という意味だ。これは移行的な層だ。物質的でもなければ非物質的なものでもない。物質と非物質を結びつけるようなもの。人の経験は五感の器官（非物質的なものを感じることができない器官）に限られているので、現在のレベルではこのエーテル体は認識できない。臨死体験をした人たちは偶然この状態を体験した人たちだ。どういうわけかこういった体験は物質としての肉体、マインド、エネルギーが弱ったときに起きる。この次元に意識的にアクセスする方法を学べば、宇宙の現象を感受するための能力は飛躍的に進歩するだろう。

5つ目の鞘、アーナンダマヤ・コーシャと呼ばれるものもある。これは物質的な次元を完全に超越している。アーナンダとは「至福」を意味する。これは生命の物質的な側面とは無関係だ。物質を超越した次元について説明したり定義することはできない。したがってヨガは経験の側面からのみそれを説明する。物質を超越したその次元に触れると、私たちは至福になる。物質的な構造物である肉体に、実体のない泡のような至福があるというものではない。それはこの定義できない次元にアクセスしたとき、圧倒的な至福を経験できるということなのだ。

しかし至福自体は最終目的ではない。この非存在の次元に触れたとき、至福は保証される。この状態では自分の存在はもはや重要ではない。自分が重要でなくなったとき、何も恐れることなく超越へと向かう探検ができるのだ。

この定義を超越した次元に触れたとき、私たちは時間と空間に支配されなくなる。信じ難いほど長時間にわたって微動だにせず座るヨギの話が数多くあるが、それもこれで説明がつく。肉体的な忍耐によって成し遂げているのではない。ヨギがこの状態に入ると時間の影響を受けなくなる。彼らは「ここ」と「そこ」、「今」と「あのとき」など、全ての両立しないものを超越した次元に触れているのだ。束縛も自由もない、存在を超越した存在という無限の海に。

ヨガは自分が理解できる範囲でプラクティスすればいい。ヨガが教えるのは、肉体、マインド体、エネルギー体が完全に配置されていれば、至福に近づくことができるということ。しかし先に書いたように、取り組むべきプラクティスは、最初の3つの体（肉体、マインド体、エネルギー体）に関係するものだ。

外側の世界では、人がそれぞれ持っている能力は違う。誰かができることが、別の誰かはできないかもしれない。しかし内側の世界では、私たちは平等に能力を持っている。外側の世界では、人は望んだからといって、うまく歌えたり、踊れたり、山を登ったり、大金を稼いだりできるとは限らない。しかし自分の内側を至福に満たすことは誰もができることなのだ。求めさえすれば必ず得られる。内的幸福のためのヨガの基本的なテクノロジーをマスターすれば、人生の旅はとても容易になる。人はストレスなく、無理することなく最大限に自分自身を表現できる。人生を自由自在に操り、自分の望む方へ導くことができる。かすり傷ひとつ負うことなく。

幸福になるためには、肉体、マインド体、エネルギー体の3つの次元をある程度マスターする必要がある。この世界で成功できるかどうかは、この3つの次元を的確に利用する能力にかかっている。そしてうまく利用できるかは、置かれた状況やどんな活動をしたいかによりけりだ。しかしヨガは、これら3つの次元を適正に配置することで、生命そのものと融合する究極の境地に到達するための科学でもある。

ではどうやってこの究極の融合に到達できるのか？

ヨガでは、そこに至るためのいくつかの基本的な道があると説く。究極の融合に至るために肉体を使う方法は「カルマ・ヨガ（活動のヨガ）」。知性を使う方法は「ニャーナ・ヨガ（知性のヨガ）」。感情を使う方法は「バクティ・ヨガ（献身のヨガ）」。エネルギーを使うのは「クリヤ・ヨガ（エネルギーを転換させるヨガ）」と呼ばれる。

人間は同じ材料でできているが、個人を構成するものは人それぞれだ。カルマ、ニャーナ、バクティ、クリヤが統合して機能しない限り、人はどこへも進めない。この4つの次元、つまり肉体、マインド、感情、エネルギーが一緒に行動をとらなければただの大きな混乱の塊になってしまう。

あるとき。4人の男が森の中を歩いていた。最初の男はニャーナ・ヨギ、2人目はバクティ・ヨギ、3人目はカルマ・ヨギ、そして4人目はクリヤ・ヨギ。

この4人はいつもは決して一緒にならない。ニャーナ・ヨギ（知性のヨギ）は他の3人のヨガを丸きり軽蔑している。彼のヨガは知性のヨガで、知性ある者は他人を軽蔑するという典型だ。特に、いつも天を仰いで神の名を唱えているような献身的なタイプを軽蔑する。そういう人間はニャーナ・ヨギには愚か者に思えた。

しかしバクティ・ヨギ（献身のヨギ）はほかのニャーナ、カルマ、クリヤのヨガは時間の無駄だと思っている。そしてこの3人を哀れんだ。ただ神の存在を認め、その御手を握りしめ、信頼して歩むことが大切なのだ。ほかの3人にはこんな簡単なことが理解できないのだから。彼にとって頭が痛くなるような哲学だの骨が曲がりそうなヨガは全く馬鹿げている。

カルマ・ヨギ（活動のヨギ）にとっては、ほかのヨガは全て単に怠惰なだけ。彼らの生き方は自堕落だ。

クリヤ・ヨギ（エネルギー変換のヨギ）は一番尊大だった。彼は皆を笑った。こいつらは存在とはエネルギーだということを理解してないのか？　自分のエネルギーを変換しなかったら神やほかの何かをいくら求めようと何も起こりはしない。変革は起こり得ない。

そういうわけでこの4人は仲が悪い。しかし今日はたまたま森の中を一緒に歩いている。突然、嵐が起きた。嵐は激しくなった。雨は非情にもたたきつけるように降りだした。体中びしょびしょになった4人は走り出して雨宿りができる場所を必死に探した。

バクティ・ヨギ（献身のヨギ）が言った「こっちの方向に古寺がある。そこへ行こう」（彼は信奉者なので寺の所在については特に詳しい）。

走った先には古い寺があった。全ての壁はとうの昔に崩れ落ちていた。屋根と4本の柱だけが残っていた。4人は寺の中へと駆け込んだ。神への愛のためではなくただ雨から逃れたい一心で。寺の中央に神像があった。4人はそこに向かって走った。雨は四方八方から殴りかかってきた。

他に行く場所もなく彼らは次第にお互いに近寄っていった。なす術もなく彼らは座ってその神像を取り囲み抱きしめた。4人がその神像を抱きしめたその瞬間、神が姿を現した。

同じ疑問が4人の頭の中に湧いた。「なぜ今？」。「我々は難解な哲学をいっぱい解釈してきた。行ける限りのあらゆる寺院を参拝してきた。自己を顧みずにたくさんの人に奉仕してきた。体を痛めつけるような苦行もやった。でもあなたは姿を現して下さらなかった。今はただ雨から逃れてきただけだというのに姿を現して下さった。どうしてですか？」

神は言った。「お前たち愚か者4人が、やっと一緒になったからだ」


ヨガは4人の愚か者をひとつにまとめる科学だ。

多くの人にとって、この4つの次元は今はバラバラな方向に向かって配置されている。マインドはこっちを向いている。感情は別の方向に引っ張っていく。肉体はまた別の方向へ。エネルギーも。これは潜在的な不幸だ。事故が起こるのを待っているようなものだ。人間はハイジャックされてしまっている。つまり、4つの別々の方向に引っ張られてしまっているのだ。

今こそヨガをするときだ。この驚くべき経験主義のシステムで、自らの内側を自らの手で配置し直すという冒険の世界に飛び込むときだ。そうすれば錬金術師であると同時に実験台に、主体であると同時に客体にもなれるのだ。

本書のPART2は実践的なものになる。地形については説明したので、私たちはこれから本当の旅へと出発する。自己発見と自己開拓の意識的な旅だ。そこでは最初の3つのヨガの層または鞘、具体的には肉体、マインド（思考と感情を含む）、エネルギーの本質と可能性を探る。またそれぞれの鞘を、自己変革のため、あるいは智慧を得るためのツールとして使う戦略をお見せしよう。

さて、問題は世界中の宗教に熱心な人たちが、人間の素晴らしい特性を神の話にすり替えてしまったことだ。彼らは愛を神の愛として捉える。至福を神の至福として捉える。平和を神の平和として捉える。それらは全て人間の特性なのだということを忘れてしまっている。人間は自らの力で喜び、愛、平和を得ることができるのだ。それにもかかわらずなぜ天国を持ち出して説明しようとするのだろう？

人間は人間であるということの巨大な可能性に気づいていないので、神や天国についての話がかくも多いのだろう。何らかの形で人間の中に生命の根源が脈打っているのは明らかだ。あなたの生命の根源はほかの人の生命の根源であり、全ての創造物の根源なのだ。この知性の次元、または意識は私たち一人一人の中に存在する。自分を解放できるかどうかは、この不滅の次元に触れる手段を見いだせるかにかかっている。

人生全ての瞬間においてジョイと平和に満ちあふれ、肉体的な制限を超越して生命を知覚できること。これは超人だけが可能というものではない。全ての人間にその可能性があるのだ。

ヨガは超人になることではない。ヨガは、人間は超絶的であると気づかせてくれるためのものだ。

PART 2

読者の皆様へ

ＰＡＲＴ２では、人間が意識できるアイデンティティの３つの基本的な鞘についてより具体的に、さらに奥深く探検する。したがって第２部はボディ、マインド、エネルギーの３章構成となる。

それぞれの章では、肉体、心理、プラーナ[*1]（エネルギー）が何であるかについての考え方をさらに押し進める。その過程で読者はこれまでのものの考え方を見直す必要があるかもしれない。これまで常識と思っていた考え方を捨てる必要があるかもしれない。これまで使ってきた言葉を再定義する必要に迫られるかもしれない。あるいは常識はずれにも思える世界を探検することになるかもしれない。

しかしここに書いてあることを裏付けなしに鵜呑みにする必要はない。以前にも述べたように、ヨガは恐れずに試すことを促す。したがってこのＰＡＲＴ２では、情報と、本書がすすめるプラクティス、そして自分を観察するエクササイズの実践の間を行ったり来たりすることになる。概念は具体的になり、本書の考え方が体感的に理解できる。そうすることで読者は本書に書いてある概念が本当に有効なものか、あるいは大ボラが書いてあるだけなのか、自分自身で判断できる。

このPART2の一番良い読み方とは？　読者は「サーダナ」のコラムに示してあるエクササイズを全て試すつもりはないかもしれない。全く構わない。ここでたくさんのプラクティスやヒントを提案する理由は、実践したいと思えるものに的を絞りやすくするためだ。本に書いてあるただの文章から日常生活で実践できるものにしたいからだ。そして本書の理論が正しいかどうかを自分の人生という実験室で試すことができる。PART2の目的は、あなたを受け身の読者から、あるいは口先だけのヨギから、魔法のような人生の能動的な参加者へ変えることだ。選択の自由を持ち、意識的に生きる。

これまでの概念を捨て去り、自分自身の内側にある、未知の領域である生命という驚異を探求する準備はできているだろうか。

＊1　プラーナ　　サンスクリット語で呼吸や息吹などを意味する。生き物の生命力そのものとされる。

ボディ

究極のマシーン

あらゆるものの中で私たちにとって最もなじみがあるのは自分の肉体だ。創造主から与えられたものの中で私たちが最初に意識するのも肉体だ。それは究極の機械でもある。ほかの全ての機械もこの機械が全て作っているのだ。

前にも説明したが、ヨガの科学は精神や魂については何も語らない。全てはボディ（体）だ。食物体、マインド体、エネルギー体、エーテル体、至福体であれ、全てはボディ（体）だ。これには深い意味がある。実体があるボディ（体）に基づいているので、心理的なごまかしはきかないし、難解で抽象的な話にそれていってしまうこともない。ヨガの科学はまず形がある具体的な領域に私たちを根付かせる。さらにそこから捉えがたく繊細な（だがまだ物質的な）領域、そしてそこを超越した領域へと徐々に導いてくれるのだ。

肉体は人の手を借りずにそれ自身で機能する。心臓を鼓動させるために、肝臓に複雑な化学現象を起こさせるために、特別なことをする必要はない。呼吸をしようと思う必要もない。肉体が存在するのに必要なことは肉体自身が行っている。

肉体は非常に完成されたもので、自己充足した機械だ。これはメカ好きにはたまらない。肉体は地球上で最も洗練されたマシーンだ。想像し得る中で最高のメカであり、電子工学、そして最も洗練された電気回路なのだ。

昼にバナナを食べる。夜にはこのバナナは自分の一部になっている。チャールズ・ダーウィンによるとサルが人間になるまで数百万年かかったが、たった数時間で肉体はバナナやパンを人間に変えてしまう。**明らかに創造の根源が人間の内側で機能している。**

人の内側の論理的思考をはるかに超越したところで知性が働いている。それは食べ物を人間の身体という比類ないテクノロジーの結晶に変えるものだ。もしこの変換を意識的に行うことができるなら、あるいはその知性の一滴でも自分の日常に持ち込むことができるなら、生きることは惨めではなく素晴らしいものになる。

12世紀のインドの神秘主義者バサヴァンナは、肉体を「動く寺院」と呼んだ。それは彼が自分の内側に創造の根源が脈打っているという体験的認識をしたからだ。「我が足は柱」と、彼は南インドの有名な神秘文学の詩の一説に記している。「身体は神殿、頭は黄金のドーム……」

壁を好きになれない何か

肉体というこの素晴らしい機械の限界を理解するにはかなりの意識を必要とする。機械として考えれば肉体は完全無欠だ。唯一の問題は、この機械はあなたをどこにも導いてはくれないということだ。ただ土から生まれ土に戻るのだ。

それで十分じゃないか？

肉体の見地からすれば確かに十分だ。しかし、どういうわけか「物質を超越した次元という魂のようなもの」がこの素晴らしい機械に吹き込まれた。その次元とは生命の根源だ。これこそが私たちを本当に私たちたらしめるのだ。

生命と生命の根源は別のものだ。全ての動物、植物、種の中に生命の根源は息づいている。人間の中においてはこの生命の根源の存在はさらに明らかだ。

それが原因で、肉体が提供してくれる素晴らしい能力は、しばらくすると突然取るに足らない些細《ささい》なもののように感じてしまうようになる。生命の根源があるから、人間には肉体と肉体を超越した次元との絶え間ない葛藤があるのだ。あなたには「肉体の衝動」があるが、同時に、「肉体を超越しているものである」という意識を持っている。

人間の中に2つの基本的な力が働いている。ほとんどの人がこの2つは対立すると思っている。ひとつは自己保存の本能。これが人を守るために周囲に壁を造る。もうひとつは「拡大しよう、無限になろう」とする絶え間ない願望。この自己保存と拡大の2つの希求は対立する力に思えるが、そうではない。これは生命の2つの違う側面なのだ。ひとつは人をこの大地にとどめておくためのもの。そしてもうひとつは人を今いるところを超えた地点へ導いていくものだ。自己保存の本能が及ぶ範囲は、物質としての肉体に限定する必要がある。意識を十分持ってこの2つを分けて扱えば対立しない。しかしこの2つの力を協力させず、自分をただの肉体だと思ってしまうと、この2つの力は緊張のもとになってしまう。

物質とスピリチュアルの対立は全てこの無知から生じている。人が「スピリチュアル」というときは、物質を超越した次元の話だ。物質を超越したいという人間の願いはきわめて自然なものだ。自らの有限な肉体から、無限の生命の根源へ向かって旅をすること。これがスピリチュアル・プロセスの基本だ。

今日作った自己保存の壁は、明日は自らを閉じ込める牢屋になってしまう。自分を守るために自ら作った限界が、明日になると自分への束縛に感じてしまう。ロバート・フロスト[*1]は次の一文で真実を的確に表現した。「壁を好きになれない何かがある」[*2]「壁がないと安全ではないぞ」と自己保存の本能が警告し続けるので、無意識のうちに人は壁を作り続ける。その壁が後に自分を悩ませる。終わりのないサイクルだ。しかしこの世界（creation）は、私たちが超越へのドアを開くことを望んでいないわけではない。あなたが苦しんでいる理由は、あなたが「超越への扉」を開くのをこの世界（creation）が拒んでいるからではない。あなたは、自分の周りに自ら築いてきた抵抗の壁に苦しんでいるのだ。

ヨガは神を持ち出さない。魂や天国について語らない。こういう話は人間を幻覚的にしてしまう。ヨガが説くのは人が作ってきた障害についてのみだ。考えなくてはならないのは、この障害だけだから。創造主（the Creator）は人間に注目してもらおうとは思っていない。人間を縛るロープや行く先を阻む壁は100パーセント自分が作り上げたものだ。したがってこれを解き、壊しさえすればよい。世界のあらゆるものと向き合って考える必要はない。　向き合って考える必要があるのは自分が作った壁だけだ。

喩えるなら、重力とグレイス[*3]の関係だ。重力はある意味、自己保存の本能と関わりが深い。今私たちは重力によって大地に引き寄せられている。私たちの今の肉体があるのは重力があるからだ。重力は人を下に引っ張る力だが、グレイスは人を上へ引き上げようとする力だ。もし物理的な力から解放されたら、グレイスがあなたの人生に突然現れるのだ。

重力はアクティブだが、グレイスもまた常にアクティブだ。ただそれを受け取る力を持たなければいけない。重力には従うしかなく、選択の余地はない。どのみちあなたは、その影響下にある。もしあなたが物質的なものに強くアイデンティティを見いだしているのなら、重力しか理解できないだろう。しかしグレイスを感じるには、それを受容する能力が必要だ。全てのスピリチュアル・プラクティスは究極的にグレイスを享受するために行っているのだ。

グレイスを受容したとたん、突然あなたは魔法のように機能しはじめる。例えばあなたが自転車に乗ることができる唯一の人であったとすれば、あなたはほかの人の目からは魔法のように見えはじめるだろう。グレイスも同じだ。他の人間の目には魔法に見える。だがそれは生命の新しい次元を受容しはじめたというだけだ。これは誰にでも起きる。

Sadhana ― サーダナ

あなたは楽しいと感じているときは拡《ひろ》がりたいと思う。何かを恐れているときは縮こまりたいと思う。次のことを試してみよう。草花か樹木の前に数分間座る。あなたは樹木が放出しているものを吸っていて、樹木が吸収しているものを吐いているのだということを思い出す。それを実感できなくても、あなたは植物とこうしてつながっているのだと心の中で関係を築く。これを1日に何度も実行しよう。数日経つと、周囲の全てのものに対して今までとは違う関係を持つようになる。樹木との関係だけにとどまらない。

この簡単なプロセスで、私たちイーシャ・ヨガ・センターは南インドのタミルナドゥ州で率先して環境保護の活動をしてきた。２００４年から２１００万本もの植樹を成し遂げた。私たちは何年にもわたって人間の心にも植樹を行ってきたが、人間の心に木を植える活動ほど難しいものはない。人間の心への植樹が成功すれば、地に木を植えることはもっと楽にできるようになる。

生命の感覚：感覚を超越して生命を知る

肉体はどうやって世界を理解するのか？　その源は何か？

それは五感を通してだ。人が世界や自分について知っていることは、五感（視《み》る、聴く、嗅ぐ、味わう、触る）の器官を通して集めてきた情報だ。もしこれらの感覚器官が機能しなくなったら、世界についても自分自身についても何も分からなくなる。

毎晩眠るたびに突然、周囲の人も世界も自分さえも消えてしまう。自分も周りの人たちも生きているのに、認識としては全て消失する。それは自分の五感が遮断モードに入るからだ。

感覚器官には限界がある。感覚器官が知覚するのは、物質的なことに限られる。感覚が五感に限られているのなら、自分の生命の範囲はおのずと物質的なものに限定される。付け加えると、この感覚は常にほかのものとの関係においてのみ知覚される。指で金属を触って冷たく感じるのは、自分の体の方が暖かいから。仮に自分の体温を下げられるとする。同じものを触ったら今度は暖かく感じるはずだ。

知覚があることは生き延びる上でとても重要だ。外側の世界で生存するためには不可欠であり、生まれたときから感覚装置はスイッチが入っている。しかし生き延びること以上のものを求めるのなら、感覚器官だけでは不十分だ。感覚器官は知覚に完全に依存しているため、世界の捉え方をゆがめてしまうのだ。

生命の奥深さや偉大さを本当に知りたければ、外側ではなく内側を見ることが必要不可欠だ。生命の本質は、肉体やマインドの物質的あるいは心理的な側面には存在せず、その根源にあるからだ。とは言っても内側を見ることは簡単ではない。努力なしにできるものではない。人間には内側を見るための知覚的な装置がないから。人間の困難さはこれに尽きる。**経験は自分の内側に**

ある、しかし知覚は外側にしか向いていない。

これが内側と外側で大きな違いがある理由だ。自分の外側にあるものは見てとれる。だが内側は見ることができない。誰かが囁く小さな声は聞きとれるが、体内の様々な生命活動の音は聞こえない。肌の上にアリが這《は》えばすぐに感じるが、体内を流れる大量の血液は感じない。感覚器官は視覚、聴覚、嗅覚、味覚、触覚といった外側の刺激しか感知できない。しかし全ての経験の根源は**内側**にある。自分の経験は外側の刺激によって引き起こされるかもしれないが、その根源は常に内側だ。また、それが外側からの刺激なしで引き起こされることもある。

ヨガの基本的な目的は五感を超越した経験能力を高めることだ。五感を超越した次元が存在する。その次元を好きなように呼べばいい。「自分」と呼んでもいい。「神」という言葉を当てはめてもいい。どの言葉を使うかは自分次第だ。

たとえあなたが「神」や「自己」を探求していないとしても、認識力を高めることで幸福の基礎は確立できる。医者、警察官、エンジニア、アーティスト、主婦、学生……何であろうと、どれだけ成功できるか、どれだけのことが成し遂げられるかは、自分の認識力がどれだけ高いかにかかっている。認識力を現在の限界を超越するレベルにまで高めることができれば、全く新しい、一見魔法のような次元をあなたの人生にもたらしてくれる。

よくこんな質問を受ける。「認識力を高めるのは大変なことですか?」「内側に向かうにはヒマラヤの洞窟にこもる必要がありますか?」

そんなことは全くない。どこかの山頂に座らないとできないようなものではない。目指すものは自分の内側にある。そこに到達できないのは、忙しすぎるからか、外側で起きていることに囚われすぎているからか、自分自身が作り上げた心理的なストーリーに関わりすぎているから。内側にあるものを見つけだす力がないのは、集中力だけの問題だ。

内側へ向かうには思想、発想、意見、哲学は必要ない。心理的な活動も関係ない。認識力を高めるというのは、生命をありのまま受け入れる能力を高めるということだ。毎日ほんの数分間プラクティスのために時間を割けば、変化を感じることができる。自分の内側の本質に少しだけ集中するという簡単なプロセスで、クォリティ・オブ・ライフは劇的に変化するのだ。

Sadhana ― サーダナ

まず眠る直前にあなたが自分自身だと思うもの全てに集中することから始めよう。自分の考え方、感情、髪型、肌質、服、化粧。そのどれもが自分ではないことを理解する。「自分」や「真実」が何であるか結論づける必要はない。真実は結論ではない。間違った結論を寄せつけなければ、真実が見えてくる。それは夜のようなもの。夜は太陽が見えないが、これは大地が太陽と別の方向を向いているだけの話だ。あなたが「自分」について考え、読み、話しているのは、全く的外れな方を見ることにかまけているからだ。本当の自分を正しく理解することに十分な注意を払っていない。必要なのは結論ではなく、内側への転換だ。寝る前にこの意識で眠りにつくことができれば、睡眠は有意義になる。睡眠中は外部からの妨害がないので、このサーダナは本質を体験的に認識するために効果的だ。これを続けていれば、これまで蓄積したものを超越した次元に到達できる。

生命の声を聞く

不変のジョイ、究極の融合に到達するためにはいくつか方法がある。方法は色々だが、バランスのとれた、適切な方法をとることが大切だ。その様々な方法に分類や序列はない。ヨガは平等だ。ありのままの自分の全てを使ってあなたを究極の目的地へ導いてくれる。

現段階の理解では、「自分は何者か」の大部分を肉体が占めている。ハタヨガは肉体を使って人間の進化のプロセスを促進する科学だ。ハタヨガの「ハ」は太陽を意味し、「タ」は月を意味する。ハタヨガは人間の身体システムの中にあるこの2つの性質のバランスをとる科学だ。

肉体には独自の性格、抵抗、気性がある。例えば「明日から朝5時に起きて歩く」と決めるとする。目覚まし時計をセットした。アラームは鳴るが、肉体は「うるさい！　寝るぞ」と文句を言う。いつもこんな感じではないか？　だから肉体を制御するハタヨガが必要なのだ。肉体を訓練して純化し、より高いレベルのエネルギーとより高い可能性のために準備を整えておく方法なのだ。

ハタヨガはエクササイズではない。それどころか肉体という機械を理解し、ある種の特別な雰囲気を作り出した上で、ポーズによりエネルギーを特定の方向に促していく。これが様々なアーサナ、つまりポーズをとることの目的だ。自分自身を高いレベルへ導くこのようなポーズがヨガーサナ、人間の内側の構造を宇宙の構造にシンクロさせる科学だ。

　分かりやすく言うとこうだ。長い付き合いの誰かがそこに座っているだけで、その人の中で何が起きているかほぼ分かる。怒っているとき、自分はある座り方をする。幸せなときは別の座り方をする。落ち込んでいるときはまた別の座り方。意識のそれぞれの違うレベル、または心理状態によって、肉体は自然と特定のポーズをとる。これを逆にしたものがアーサナの科学だ。**意識的に肉体に異なるポーズをとらせることで、意識を高めることができる。**

　肉体はスピリチュアルの成長のための手段にもなれば障害にもなる。体の一部、例えば手、足、腰のどこかが痛いとする。痛みがひどければ、その痛みがあなたの生活を支配してしまうので、それ以上のことを熱望することは困難になってしまう。例えば腰が痛い。広い宇宙の中で問題となるのは自分の腰のことだけだ。他人には理解できないだろうが、自分にとっては腰が大問題。たとえ神が目の前に現れても、腰の痛みが消えるようにお願いする。ほかに何も願う気にならないのは、肉体があなたを支配しているからだ。肉体の本来の働きが機能しないとき、何かを成し遂げようという気持ちが失《う》せてしまう。肉体が痛みを感じると、自分が求める全てが消えてしまう。痛みを感じながらも、それを超えて見据えるには大変な強靭《きょうじん》さが必要だ。しかし多くの人はその強靭さを持ち合わせてはいない。

　簡単なアーサナを実践して脊椎の問題を克服した人は数えきれないほどいる。医者に外科手術が必要だと言われたが、彼らは手術を回避した。カイロプラクティックの世話になる必要がないほど脊椎は優れた状態に回復する。脊椎が柔軟になるだけではない。自分自身も柔軟になる。自分が柔軟になれば聴こうという気が起きる。誰かの話を聞くという意味ではない。**生命の声を聴く**気が起きるのだ。聴くことを学ぶことは、知的に生きるための基本である。

肉体が障害になっていないかどうかを確かめるために、ある程度の時間を割く必要がある。痛みを感じている肉体は障害となる。同様に衝動欲求に囚われた肉体も障害となる。食欲や性欲といった基本的衝動も、肉体を超越しようという気にさせないほど強く人を支配する。身体は人間の一部にしかすぎないということを人はしばしば忘れてしまっている。物質としての身体を自分の全体にしてしまわないことが重要なのだ。アーサナは物質的な身体をその本来の場所に戻す手助けをする。

瞑想の深い次元に進めば人のエネルギーは急上昇し、より深遠な経験の次元へと導かれる。したがって肉体というパイプの通りがよいことがとても重要だ。もしそれがつまっていたら機能しなくなる。ゆえにさらにハードな瞑想を始める前に肉体を十分に準備しておくことが大切だ。ハタヨガをすれば、エネルギーは肉体の中をスムーズに上昇し、人を喜びにあふれた状態にする。

多くの人にとってスピリチュアルの成長は大きな痛みを伴うものになっているが、これは適切な準備をしていないからだ。残念ながら、ほとんどの人は外側の環境に自分自身が完全に形作られることを許してしまっている。スピリチュアルの成長には必ず痛みが伴うというのが、この世界のスタンダードになりはじめている。肉体とマインドの両方の準備が整っていれば、スピリチュアルの成長に至福が伴うこともある。アーサナは人間の成長と変化のための確固とした土台となるのだ。

今日、人々が習っているハタヨガは、本来の偉大な古典とは別ものだ。今日みられる「スタジオ・ヨガ」は、ヨガの科学の中で主に身体的側面のみを教える。身体的側面だけを教えるというのは死産のようなものだ。それは効率が悪いだけではなく、悲劇である。生きたプロセスを学ぶには、ヨガの別の側面を含んだ方法でなければならない。

ハタヨガとは頭で倒立したり息を止めたりするものではない。プラクティスをどう実践するかは、天と地のような違いを生む。私はかつて2日間のプログラムでハタヨガを教えたことがあった。参加者たちはその濃密なプログラムに圧倒されていた。アーサナのプラクティスだけで感極まって泣いていた。どうしてこれがもっと頻繁に起こらないのだろうか？　世間一般ではハタヨガは準備のシステムとしてではなく、ハタヨガを行うこと自体が目的化してしまったからだ。その結果、ハタヨガは一部の人には健康や平和をもたらすものの、多くの人には痛みを伴う曲芸のようなものに変わり果ててしまった。健康と心の平和だけが目的なら、それでも構わない。しかし五感を超越する受容能力を身につけて自己変革することが目的なら、ハタヨガは古典的な形式で学ぶ必要がある。

Sadhana ― サーダナ

周りを見てみよう。家族、会社の同僚、友人。人によって認識力のレベルが違うのが分かるはずだ。これを詳細に観察しよう。通常より明瞭にものを認識できる人がいれば、その人たちが肉体をどう扱うのかよく観察してみよう。その人たちは訓練したわけでもないのに、ある一定の落ち着いた身のこなしができる。

ちょっとしたプラクティスをすれば、あなたの認識力のレベルにも大きな違いが現れる。毎日数時間、背筋を伸ばして座れば明らかな効果がある。私が言う「人間存在の構造」の意味が理解できるようになるはずだ。自分に関わるほぼ全ての問題は自分の肉体をどう支えるかで解決する。

生命の声を聴くもうひとつの方法を紹介しよう。生命の声を聴くとき、知力や感情を通してではなく、それが自分の体験的認識になるように行うことだ。まず、自分に関して何かをひとつ選ぶ。呼吸、心臓の鼓動、脈、小指。それに対し毎回11分間注意を払う。これを1日に最低3回行なう。そしてどんな感覚でもよいのでそれに集中する。何かをしながらであればそれでもいい。集中が切れたらそれも構わない。もう一度集中すればいい。このプラクティスによって、ただの認知からより高い意識にステップアップできる。あなたは人生の経験の質が変わりはじめることに気づくだろう。

宇宙をダウンロードする

インドでは最近まで、嵐の後は屋根に上ってテレビのアンテナを調整しないといけなかった。アンテナの向きが悪いとテレビがきちんと映らなかったのだ。アンテナの向きが良くないと、楽しみに観ている昼のメロドラマやサッカーの試合の最中に急に画面が砂嵐になったものだ。

肉体はこのアンテナのようなもの。正しい位置に肉体を支えれば、存在するもの全てを受容できる。肉体の支え方が間違っていれば、五感を超越する全てのものに完全に無知でいることになる。

もうひとつの喩えをしよう。肉体はひとつのバロメーターだ。読み方を知っていれば自分と自分の周囲の世界を把握できる。肉体は嘘をつかない。だからヨガでも肉体を信じることを説く。**私たちは物質としての肉体や血液、ホルモンの衝動的な一連の連鎖を、意識のプロセス、つまり知覚と洞察のための効果的な道具へと変換させるのだ。**肉体の読み方を知れば、自分の潜在能力、自分の限界、そして自分の過去、現在、未来さえも分かる。だからヨガはまず基本的に物質としての身体から話を始める。

携帯電話や電子機器は、使い方が分かれば分かるほどうまく使いこなせるようになる。数年前の携帯電話会社のアンケートによると97パーセントの人は電話機の7パーセントの機能しか使っていなかった。スマホではなくガラケーの話だ。あの単純な道具でさえ、人間はたったの7パーセントしか使いこなせていない。

前にも話したが、肉体は究極の機械、最先端の装置だ。この機械の何パーセントを人は使いこなせているのだろうか？

1パーセントをはるかに下回る。物質的な世界で生存するためだけなら肉体の能力の1パーセントも必要ない。私たちは肉体を使って様々な取るに足らないことしかしていない。なぜなら今、生命について私たちが認識できることの全ては物質としての肉体に限られているからだ。だが肉体は宇宙全体を認識する能力がある。準備が整っていれば、この世界のあらゆるものの存在を理解できるのだ。なぜなら宇宙で起きている全てのことは、何らかの形でこの肉体にも起きているからだ。物質的なものは全て、完成した構造を持つ。構造なくして物質は形を持たない。人体の正しい構造を理解すれば、自分の内側に全宇宙の構造を反映させ、体感することもできるのだ。言い換えれば、肉体は宇宙全体をダウンロードできるのだ。

Sadhana ── サーダナ

リラックスした状態で背骨をまっすぐにして座り、静止する（必要なら何かに寄りかかってもよい）。注意力もゆっくりと静止させてゆく。これを1日に5～7分実践する。呼吸が穏やかになっていることに気づくだろう。

呼吸が穏やかになることがなぜ重要なのか？　ただのヨガ特有の難解な呼吸法か？　人は通常1分間に12〜15回呼吸する。呼吸が12回まで落ち着くと地球の大気の動きが分かってくる（気象に敏感になる）。9回まで下がると地球上のほかの生物の言語が分かるようになる。6回になると地球の言語が分かる。3回までくると創造の根源の言語が理解できるようにな る。これは酸素摂取能力が上がったということではない。呼吸の回数を無理に減らしただけでもない。ハタヨガとその上級のクリヤ・ヨガを合わせたヨガは肺の機能を少しずつ高める。それによって自分の内側を適正に配置し直し、心の平穏をもたらすのだ。これでもう身体システムはバチバチ音をたてたりショートしたりすることなく安定して作動する。そして身体システムは全てのものを認識できるようになるのだ。

〈コラム〉

外的静けさは内的激しさから生まれる

何事に対しても努力をしない人は、楽に物事をこなせる達人なのだろうか？　もちろんそうではない。努力しないで済む方法を知りたければ、努力とは何かを知らなければならない。努力の頂点に達したときに、物事を楽々とこなせるようになる。働くとは何かを知っている者だけが、休むことの意味を知る。矛盾めいているが、休んでばかりいる者は休むことの意味を知らない。鈍く無気力なだけだ。生命を生かせるかどうかも同じことだ。

ロシアのバレエダンサー、ニジンスキーにとっては、ダンスが全人生だった。彼はしばしば人間には不可能と思える跳躍をした。たとえ人間の筋力がピークに達しているときでも、跳躍できる高さには限界があるものだ。ニジンスキーには、人間が跳躍できる限界を超越しているように見えるときが何度かあった。

人は彼によく「どうしたらそんなに高く跳べるんだ?」と尋ねた。

彼は答えた。「僕には無理さ。ニジンスキーが僕から消えたとき、はじめてそれが起きるんだ」

常に持てる力の100パーセントを出していると、様々な限界を超え、物事を楽々とこなせるようになるときがくる。物事を楽々とこなせるというのは、テレビばかり見てぐうたら過ごすという意味ではない。それは物理的な行動の必要性を超越することを意味する。自らの最高点まで自分を押し上げ、最大限の努力を続けることができた者だけがこの境地に到達する。近頃、禅を自分のスピリチュアルの修行法にしたいという人がいる。彼らは禅とは何もしないことだと思い込んでいるようだ。禅は途方もない活動を伴う。なぜなら禅の修行は、人生のひとつひとつの細かい行動と無関係ではないからだ。例えば、禅僧は庭の小石を整えるのに数週間かけるかもしれない。そのような修行を通じて、何もしないという状態(non-doing)に到達し、自分は行動者(doer)であるという認識を超越するのだ。その状態ではじめて全てを超越することを味わうのだ。

ニジンスキーのように、徹底した鍛錬によってそのような状態に到達したとき、そのパフォーマンスは魔法のようだと称賛される。しかし、表面は落ち着いて見えるが内面は激しさに満ちている在り方を通して、何もしないという状態（non-doing）に達したのなら、それはヨガである。そしてヨガの境地はさらに長くその状態を保つことができる。ディヤーナ（瞑想状態）の核心は、可能な限り上昇することによって、一切の努力も必要としない状態に進むことだ。そのとき、瞑想はもはや修行ではなく、激しい修行の末にもたらされる当然の果実となる。あなたはただ存在するだけでいい。このような衝動が全くない状態が、人がこの宇宙の中で花開くために必要な環境なのだ。

もし私たち、個人や社会が、このような花を咲かせる環境を作らないのであれば、私たちは大きな可能性を無駄にしてしまっている。至るところで「天国とその喜び」などという子どもじみた話が語られているのは、人間であることの広大さが探求されていないからだ。あなたの人間性があふれでれば、神聖はあなたを追って仕えるようになる。それ以外の選択はないのだ。

地球を一口

物質としての肉体は、ヨガの分類ではアンナマヤ・コーシャ（食物鞘）、つまり摂取してきた栄養の蓄積にすぎない。そして人間が食べるものは、実は地球の一部だ。自立した存在だと思い込んで意気揚々と闊歩《かっぽ》している人間は地球の小さなかけらにすぎない。人間は地球の小さな延長だから、この地球に起きていることは人間にも起きる。あるときは微妙に、あるときははっきりとした形で。

この地球はさらに大きな太陽系というシステムの一部だ。太陽系で起きていることは、地球にも影響する。そして太陽系は私たちが宇宙と呼ぶさらに大きなシステムの一部だ。現段階では人の感覚を超越しているだろうが、人は物質的な形態としては地球のかけらだ。だから宇宙で起きることは何らかの形で自分にも起きる。あなたの肉体はこの惑星の断片にすぎないので、おそらく今のあなたの認識を超えているだろうが、宇宙のあらゆる場所で起きていることの全ては、何らかの形であなたにも起きているのだ。

あり得ないと思うかもしれないが、しかるべき方法によって物質的な肉体がこの宇宙や地球で起きている微妙な変化を意識できるようになる。ひとたびこの感受性が養われると体全体が自分の周囲に起きるあらゆることを感じる。時間をかけて集中して地球の働きを意識すれば、この感受性は飛躍的に向上する。

私は数年間農場に住んでいた。村にはチッケゴウダという名の、耳がほとんど聞こえない男がいた。彼は耳が聞こえないので人の話に応えられなかった。それゆえ人々は彼を馬鹿だと思っていた。彼は村から除《の》け者にされ、笑い者にされていた。私はそんな彼を農夫として雇った。彼は一緒に過ごすのにいい男だった。私は特に話すことに興味がなかったし、彼は耳が聞こえないので話せなかったからだ。お互いに何の問題もなかった。これはトラクターが登場する以前の話。農作業は牛と鋤《すき》だけの時代。ある日、朝4時に彼が突然鋤を準備しているのを見た。

彼に聞いた。「どうした？」

彼が身振りで答えた。「耕す準備をしているんですよ、旦那」

私「でも何を耕す？　雨は降ってないぞ」

彼「これから降ります」

空を見上げると雲ひとつない青空だった。私は言った。「雨なんか降るわけがないだろう！」

彼「いえ降ります」

雨は降った。

このことがあってから私は何日も自問した。この男が感じたものをなぜ私は感じられなかったのか？　私は座って自分の手を様々に握ってみて、湿度や温度を感じようと試み、天気を読もうとした。気象に関するあらゆる本を読んだが答えは見つからなかった。しかしそのとき、私は自分の体と周囲を注意深く観察することで、私たちのほとんどが犯している根本的な間違いに気づいた。私たちは土、水、空気、食べ物など自分の身体を構成するものをありふれたものと見なしている。しかしそれは**生命という有機体の一部**なのだ。

およそ18ヶ月間忍耐強く自問し続けてついに理解できた。今もし私が雨が降ると言えば95パーセントの確率で雨が降る。占星術や魔法ではない。これは身体システムと地球、空気、周りの全てとの絶え間ないやりとりの緻密な観察に基づいている。もし今日雨が降るなら、肉体にも何らかの変化が起きる。ほとんどの都会生活者には感じることができないが、田園地方に住む人の多くはこれを感じとることができる。昆虫、鳥、動物、そして樹木はこれを感じとることができる。

古代の人々は惑星系のわずかな変化を感知していた。そして感知して得た知見を、自分たちが幸福になるために、そして超越するために利用した。ところで、地球の磁気赤道[*4]はインドを横切るのを知っているだろうか。数千年前、ヨギたちは磁気赤道の位置をきわめて正確に示し、この線上に寺院を建立した。この中でも有名なのが南インドのチダンバラム寺院だ。これは究極の融合を求める人々のために建てられた。建立当時、この寺院は正確に磁気赤道上に位置していた（現在は磁気赤道の位置が移動している）。

地球が然るべき位置にあった数世紀もの間、多くのスピリチュアルの探求者がチダンバラムに集まった。この寺院にはヨガの父、パタンジャリがコンセクレーション（神聖化すること）したシューニャ（文字通り訳すと「空《くう》」または「何も存在しないこと」）の神殿がある。これは単なるシンボリズムではない。南極にも北極にも引き寄せられない磁気赤道、すなわち磁気のゼロ地点の活動が、スピリチュアル探求者の生き方に確かな調和と平静さをもたらすのだ。心の平静さは、人を物質的世界の限界から解放する上で非常に重要だ。したがって磁気赤道はスピリチュアル探求者にとって大事な場所なのだ（磁気赤道と地理的な赤道は一致していない点が重要）。

チダンバラムのもうひとつ重要な点は北緯11度にあること。この寺院が建てられたとき、磁気赤道とこの緯度との一致という稀で貴重なことが起きた。なぜこの地点がそんなに重要だったのか？　この地点の緯度では地球の地軸の傾きによって遠心力がほぼ垂直に働く。そして人間の生理学上のシステムを通してエネルギーを上昇させる。つまり人間のエネルギーの上昇、すなわちスピリチュアルの旅の目的をなんと自然が後押ししているのだ。これはスピリチュアル探求者の修行を促進し、この地域は聖地となった（南インドにあるイーシャ・ヨガ・センターがぴったり北緯11度にあるのは決して偶然ではない）。

ここで説明したスピリチュアルのシステムは、自然現象をスピリチュアルの成長に利用している。瞑想、内観というシステムでは、自然現象を全く無視し、内側の旅にもっぱら焦点を当てる。この2つのシステムはスピリチュアルの旅の基本的なものだ。自然に手助けしてもらってゆっくりと一歩一歩を進むのもよいし、段階を全て無視して内側へ一足飛びに飛び込んでもよい。前者は必然的に外側の生活と関わることになり、後者は外側の生活を断つことになる。どちらの道を選ぶかはそれぞれの人の気質に合わせればよい。一般的には、私たちが住んでいる現代には、この2つをバランスよく行うのが最適だ。

Sadhana ── サーダナ

地面に触れると肉体はすぐに反応する。そのためインドでは、スピリチュアリティを求める人々は裸足《はだし》で歩き、より広い範囲が地面に触れる姿勢で座る。こうして肉体は地球の一部なのだということを強く思い出すのだ。肉体にこのことを忘れさせてはならない。それを忘れてしまうと肉体は気まぐれな要求をしはじめる。普段から肉体にこのことを思い出させておけば、とどまるべき場所に気づく。地面との接触は、大地が肉体の物質的な源であることを認識させるためのきわめて重要な再接続だ。それによって身体システムの安定を取り戻し、活力を回復する能力を大きく高める。ガーデニングなどの素朴な野外活動に携わるだけで「人生が大きく変わった」と多くの人が言うのも説明がつく。

今日、舗装された道路、高層ビル、ハイヒールを履く流行さえもが、私たちを地面から引き離している。これは地球という全体からその一部である私たちを遠ざけ、また私たちの基本的な生命現象を抑制してしまう。私たちと地球との断絶は、自己免疫不全や慢性的アレルギーという形で大規模に現れている。

あなたがもし病気がちなら、床に寝て（もしくは床と自分の間に自然素材でできた最低限の緩衝を置いて）みればよい。大きな違いが現れることが分かる。また地面により近く座ってみる。葉が繁っているか花がたくさん咲いて生き生きとして見える木があれば、時々その木のそばで過ごしてみる。できるなら朝食か昼食をその木の下でとる。木の下に座るときは次のことを思い返そう。「この地球はまさに私の体だ。私はこの肉体を地球から与えられ、いつか肉体を地球に返す。私は母なる大地に、自分を養い、支え、健康でいられるよう願います」。そうすれば回復力が大いに高まるのが感じられるはずだ。

もし周囲に木がなければ、新鮮な土で自分の手足を覆ってみよう。そのまま20～30分過ごす。病気からの回復は目覚ましいものになる。

太陽と同期する

ヨガのプラクティスをしたことがある人や、ヨガをかじったことがあるだけという人にとっても、スーリャ・ナマスカール（太陽礼拝）はよく知られた一連のポーズだ。一般的に人はスーリャ・ナマスカールを体のエクササイズとして理解している。またはある種の太陽崇拝ではないかといぶかる人もいる。だがそのどちらでもない。確かに脊椎や筋肉などを強化するが、目的はそれではない。

ではこの太陽崇拝だと思われているこの一連のポーズの目的は？

これは太陽崇拝では全くない。これは太陽エネルギーを自分に取り込むためのものだ。地球上の全ての生命は太陽エネルギーが原動力であるというシンプルな考えに基づいている。太陽は地球の生命の源だ。人間が食べるもの、飲むもの、呼吸するものの中には太陽の要素が含まれている。太陽をうまく消化し、身体システムに同化させる。その方法が確立できれば、この一連のポーズから恩恵を得ることができる。

スーリャ・ナマスカールを日常的に行う者は、自分のバッテリーが人より長持ちすることに気づくだろう。バッテリー充電量も充電回数も少なくてすむ。スーリャ・ナマスカールの目的は、内的エネルギーの中の右と左、月と太陽の側面のバランスを整えることにある。これにより人間に本来備わっている身体と精神の平静さが取り戻され、日常生活に大きなメリットをもたらす。

前にも書いたが、子どもの頃の私は母親に毎朝強制的に起こされなければならなかった。しかしヨガを始めると、毎日同じ時間に自分の身体のシステムが簡単に目覚めはじめた。私の中の生命は、より自由に、より落ち着いたものになった。

スーリャ・ナマスカールは本質的に、身体のサイクル（周期）と太陽のサイクル（12と4分の1年サイクル）を同期させ、自分の内側の性質をつくりあげる。一連のポーズの数が12個あるのは偶然ではなく意味がある。身体システムに十分に活力があり、準備が整っていて、受容能力が高ければ、身体のサイクルを太陽のサイクルと同期できる。

女性は月のサイクルとも同期しているので有利だ。有利なのだが、多くの女性はこれを呪縛とみなしている。自分の体が太陽と月の両方のサイクルと結びついているというのは素晴らしい可能性を秘めている。女性は人類を繁栄させる責任を担っている。だから自然はこの有利さを女性に与えた。それゆえ女性にはいくつかの特権が与えられているのだ。残念なことにその特権は社会的には不利なものとみなされている。人は月経期に発生する余分なエネルギーをどう取り扱ってよいのか分からず、それは呪いか狂気のようにみなされている（私たちが知っているように「lunatic…狂気じみた」の語源は「lunar…月の」だ）。

物質としての肉体は高い可能性へ向かわせてくれる素晴らしい飛び石のようなものだが、ほとんどの人には障害のようになってしまう。肉体の衝動は肉体の機能を高めてはくれない。スーリャ・ナマスカールのプラクティスは、身体のバランスと受容性を保ち、身体本来の機能をフル稼働させる手段だ。そのとき肉体はもう障害ではなくなっている。

最短のサイクルである月経サイクル（28日間）と太陽サイクル（12年以上）の間には、ほかにもたくさんのサイクルがある。「サイクル」という言葉は「反復」を意味する。円を描いてどこへも行かないことも示す。反復はある意味で衝動だ。衝動は意識的になるための障害であることを、暗に意味している。

原子から宇宙まであらゆる物理的現象はサイクルだ。人はそのサイクルを上手に利用するか、そのサイクルに押しつぶされてしまうかのどちらかだ。ヨガのプラクティスの目的は、このサイクルを利用して意識的になるための最適な基礎を作ることだ。

サイクルの動きやシステムの反復性（伝統的には「サムサーラ（輪廻）」と呼ばれる）は生命を構成するものに必要な安定をもたらす。もし全ての現象が安定していなければ、生命を作る機械はすぐに壊れてしまう。太陽系も人間も、サイクルに根ざしている。これが生命に確かな堅固さと安定をもたらす。物質的な世界の本質はサイクルであるということだ。

しかし生命の進化が人類までくると、求めるものが単なる安定ではなく超越になるのは自然なことだ。サイクルに囚われたままでいるか、このサイクルを健康のために利用するのか、あるいは完全にサイクルを超越するかはあなた次第だ。

あなたが衝動に囚われているとき、自分の状態、認識、思考、感情がサイクルにはまっていることが分かる。衝動の度合いによって、それらは6ヶ月、18ヶ月、3年、6年で、その人にまた戻ってくる。人生を振り返ると思い出されるだろう。もし12年で戻ってくるなら、その身体システムは高い受容性とバランスがあることを意味する。

スーリャ・ナマスカールはそれを起こすための重要なプロセスだ。基本レベルではこれは身体のための完全な運動である。しかしスーリャ・ナマスカールは何にもまして人間を衝動的なパターンから解放する重要な手段なのだ。

個人が望むレベルの違いによってこのプラクティスにはバリエーションがある。筋肉のフィットネスを求めるのなら、スーリャ・シャクティとして知られる基本的なプロセスを行えばいい。このプラクティスを通して体のシステムに一定レベルの安定とコントロールが得られたなら、スーリャ・クリヤと呼ばれる、さらに強力でスピリチュアルの重要なプロセスを行うこともできる。スーリャ・ナマスカールは身体システム内の太陽と月（あるいは男性性と女性性）の2つの特性のバランスをとるものである一方、スーリャ・クリヤはさらに進んだスピリチュアルの成長のためにこの2つの特性を結びつけるものだ。

〈コラム〉

伝説のヨギ

私が少年だった頃に出会ったヨガの師、ラガヴェンドラ・ラオは常識的な人からみれば超人だった。彼は南西インド、カルナタカ州のマラディハリ村出身だったのでマラディハリ・スワミとして知られていた。

彼は1日に1008回ものスーリャ・ナマスカールを実践することで知られていた。後に90歳のとき、それを108回に減らした（できなくなったからではなく、時間がなかったからだ）。それが彼のスピリチュアル・プラクティスだった。

ヨガ・マスターであることに加え、彼は素晴らしいアーユルヴェーダ（数少ないナーディ・ヴァイディヤ、脈の触診で病気を診断する伝統医療）の医者だった。いま何の病気にかかっているかを診断するだけでなく、その10〜15年後にどんな病気にかかりやすいかを予測し、治療に必要なプラクティスを教えた。彼は自分のアシュラム[*5]で週に1日アーユルヴェーダの医者として人と接していた。月曜日の朝に診察するため、どこにいても日曜日の夜にはアシュラムに戻っていった。朝4時に診察室に座ったら、夜7、8時までずっとそこにいた。ボランティアは交代で彼を助けたが、彼自身は座りっぱなしだった。彼は訪れた患者に気の利いたジョークを飛ばすので、人々は診察を受けに来たことを忘れてしまうほどだった。診察室はまるで宴会場のようだった。

彼が83歳のときに起きたことだ。ある日曜日の夜遅く、彼は2人の仲間と一緒に自分のアシュラムから74㎞離れた列車の駅にいた。列車のストライキがあり、ほかの交通手段もない。彼は2人の仲間を駅に置いて74㎞を夜通し線路上を走ってアシュラムに戻ったのだ。彼の仕事に対する責任感はそれほど強かった。

朝4時に彼はアシュラムに着いた。患者を診る用意はできた。アシュラムに来た人たちは彼が走って帰ってきたことなど気づきもしなかった。スワミジ[*6]の行為は彼の2人の仲間がアシュラムに着いてはじめて、居合わせた人の知るところとなったのだ。これが彼の生き方だった。彼は106歳まで生き、亡くなるその日までヨガを教えていた。

5大エレメントのいたずら

人生はたった5つの材料でできたゲームだ。ピザを作るのでさえもっと材料が必要だ。しかし、体も宇宙もたった5つのエレメント（土、水、火、空気、エーテル）が織りなす魔法に基づいている、とヨガは説く。驚くほど複雑な現象も、元をただせばたった5つのエレメントで構成されている。自己実現を遂げた者がよく生命現象を「宇宙のいたずら」と言うのも頷《うなず》ける。

あるとき私は夜中過ぎに山に向かって車を運転していた。山に近づくと、その山が半分燃えていた。恐れ知らずの私はそのまま運転を続けた。しかし車は可燃性の燃料が満タンだった上、後部座席に私の幼い娘を乗せていたので慎重に運転した。あたりは霧がかかっていて、山に近づくほど火も一緒に遠ざかっていくように見えた。麓から見た山は火に包まれていたように見えたが、近づくにつれ山火事などないことが分かった。

火が燃えていたはずの場所には、故障したトラックが停まっていた。運転手とほかに数人が寒さしのぎにたき火をしていた。霧が露点温度に達してできた空気中の幾多もの小滴がプリズムの働きをして、小さなたき火を大火のように見せる大いなる幻影を作り出していたのだ。麓からは山全体が火に包まれて見えた。これには本当に驚いた。

創造（この世界の現象）とはこのように極端に拡大されて見える。しかし自分の内側を注意深く観察すれば、それを拡大して見る必要がないことに気がつく。宇宙全体は人間の内側に起きている微細なものが巨大に投影されたものにすぎない。広大な宇宙も結局5大エレメントがはたらいているだけだ。心臓が鼓動する一人前の人間を構成するのも、この5大エレメントだけなのだ。

これは個人的な欲望か一般的な欲望かは分からないが、それが人間のメカニズムを完全に理解したいという欲望にせよ、宇宙のメカニズムと融合したいという欲望にせよ、5大エレメントをコントロールする能力が必要になってくる。これを抜きに個人として存在する喜びも、宇宙と一体化する至福もあり得ない。

物質としての身体が幸福への飛び石になるか障害になるかは、本質的に5大エレメントをどれだけコントロールできるかにかかっている。もしこの5つのエレメント同士が協力関係になければ何も起きない。だがこのエレメントに協力関係を持たせることができれば、人間はとてつもない可能性を手に入れることができる。

肉体はドアのようなものだ。それがいつも閉まっていると感じられるなら、ドアは自分を妨害する。ドアが常に開いているならそれは可能性を示す。よく言われるのが、トイレの中にいるか外にいるかで時間の長さは違う。中にいる者は「あと1分で出るから」と言うが、外で待つ者にとってその1分は永遠のように感じられるものだ！

スピリチュアル・プラクティスというものは、ある意味でこの5大エレメントを整えることだ。

ヨガのシステムの最も基礎的なプラクティスはブータ・シュッディだ。これは身体システム内の5大エレメントを浄化し、調和して働くようにするもの。ヨガのプラクティスは全てこの5大エレメントの浄化が根本にある。個人の存在の基本は実は記憶であり、この記憶は5大エレメントに奥深く浸透している。心理、遺伝、進化、カルマの記憶が作用した結果として人間に浸透してしまった衝動的傾向の要素を浄化することが、人間と宇宙の間に絶対の調和を生み出す（記憶の果たす役割については後の章で詳述する）。

ヨガ・プラクティスによって高いレベルに達すると、ブータ・シッディと呼ばれるレベル、つまり5大エレメントを統制する段階に近づく。この統制により人生をフルに生きられるようになる。健康、幸福、明晰さ、悟り。これら全てを手にすることができるのだ。

生命を大きな可能性と認識するか、大きな障害とみなすかは、ただ5大エレメントがどれだけうまく働くかにかかっている。自由と拘束は共にこの5大エレメントによって決定づけられる。あなたを束縛するものは、同時にあなたを生かすものでもある。これが生命プロセスのパラドクスだ。愛と憎しみ、自由と拘束、生と死は表裏一体。もしそれらが切り離されたものなら問題なく対処できる。だが、それらは切り離せないほど絡み合っているから問題なのだ。死を避けて生きようとすれば、必然的に生命を避けて生きることになってしまうのだ。

古代インドに、誘惑に長けた高級売春婦がいた。取り外せないくらいに複雑なつくりのジュエリーを体全体に纏《まと》っていた。絡み合ったジュエリーをひとつひとつ取り外すのは、とてつもなく時間がかかる。男が彼女を裸にしようと試みるが、やるだけ無駄だ。女は麻薬を使って男をその気にさせる。麻薬を少し、そしてまた少し。男の視野はぼやけてきて、ついにはいびきをかいて眠ってしまった。鍵となっていたのはたった1本のピン。このピンさえ引き抜けば体を覆っていた飾りははらはらと落ちたのだ。だが、その秘密は女しか知らなかった。

人生はこれに似ている。複雑に絡み合ったクモの巣のようなものだが、それを解く単純なピンが1本ある。そしてそれこそが、あなたの「アイデンティティ」なのだ。5大エレメントの活動は複雑に絡み合っている。

しかし自由への鍵は、人格という限定されたものをどう崩壊させるかだ。ピン（アイデンティティ）を引き抜けばそれはバラバラに崩壊し、あなたは自由になれる。もしあなたが自分というアイデンティティを人生から切り離す方法を知っていれば、生命の複雑な絡み合いは解かれ、全てはあるべき姿に落ち着く。その瞬間、あなたはシンプルで完璧な配置を実現するのだ。

Sadhana ── サーダナ

健康状態と肉体の基本構造を変えるための最も簡単な方法は、5大エレメントに神経を集中し、丁寧に扱うことだ。これを試してみよう。あなたが意識的に5大エレメントのどれかに触れるとき（人生のあらゆる瞬間に触れているのだが）、意識して自分にとって究極の理想とするものを思い出してみよう。シヴァ[*7]、ラーマ[*8]、クリシュナ[*9]、神、アラー（あるいはマルクスでもよい！）、誰でも構わない。今のあなたは心理的な要素に左右されており、思考はヒエラルキー構造を持っている。だがこのプロセスを通してそのヒエラルキー構造はなくなる。時間が経つと自分が理想としていたものの名前は消え失せる。しかし真に意識的な瞬間が訪れる回数が増え、自分の中に変化が起きているのがすぐに分かる。呼吸している空気、口にする食べ物、飲んでいる水、歩いている地面、自分が存在する空間。そのどれもがあなたに神秘をもたらすのだ。

〈コラム〉

5大エレメントを安置する寺院

南インドでは、5大エレメントのそれぞれに対応する5つの主要な寺院が建立されている。これらの寺院は礼拝のためではなく、特定のスピリチュアル・プラクティスを促進するために存在する。

自分の中の水のエレメントを浄化するために、ある寺院に行ってしかるべきプラクティスを行う。空気のエレメントを浄化するためには別の寺院に行く。このようにこの5つの素晴らしい寺院はそれぞれのエレメントに対応して建てられ、特定のスピリチュアル・プラクティスをサポートするように独自のエネルギーが注ぎ込まれてある。伝統的にスピリチュアルの探求者たちは寺院から寺院へと渡り歩いた。そして自分の5大エレメントがコントロールできるようになるそれぞれのプラクティスの手ほどきを受け、病気からの回復や幸福、そして自己超越さえ実現したのだった。

この5つの寺院はひとつのシステムとして機能するために建てられた。これは驚くべきテクノロジーである。適切なスピリチュアル・プラクティスを知っている者はこれを活用できた。プラクティスを知らない者でも、その地域に住んでいるだけでその恩恵を享受できた。これらの寺院は今日も存在し、そのエネルギーの偉大さが理解できない者でさえ壮麗な建築に目を奪われる。

糞が限界にきたとき

あるとき。アクバル皇帝[*10]が宮廷で尋ねた。「人に一番喜びをもたらすものは何だと思うか?」様々な答えが一斉に返ってきた。一人の廷臣が言った。「神に仕えることが喜びの至りです、陛下」

皇帝の周りにはいつも色んなご機嫌取りがいる。別の廷臣が言った。「陛下にお仕えすることが考え得る限りの喜びです」

3人目の廷臣。「陛下のお顔を拝見するだけで究極の喜びです！」

誇張はますますエスカレートした。賢臣のバーバル[*11]はただ座り、このやりとりに退屈していた。アクバルは訊ねた。「バーバルよ。なぜかように静かなのだ？ 人に一番喜びをもたらすものは何だと思うか？」

バーバルは言った。「糞することです」

アクバルはそれまでの媚びへつらいを気分よく聞いていた。しかしこの答えを聞いて激怒した。

「かような下品なことを宮中で口にするなら、それを証明してみろ。でないと命はないぞ」

バーバルは言った。「2週間ください、陛下。そうすれば証明してご覧にいれます」

アクバルは言った。「よかろう」

次の週末、バーバルはアクバルのために森の狩猟ツアーを企画した。宮中の全ての女性をこのツアーに参加させた。アクバルのテントが中央にくるようにキャンプをセッティングした。アクバルのテントの周りは家族と女性と子どもたち。バーバルは仕出し係に最高の食事を作るように命じた。彼らが料理した極上のご馳走をアクバルはよく食べた。アクバルはこの休暇を楽しんでいたのだ。

翌朝、アクバルが起きてテントから出るとトイレのテントがなかった。自分のテントに戻ってうろうろしていたが、お腹の圧力は増すばかり。森の中で用を足そうとしたが、バーバルがそこら中に女性がいるように仕組んでいた。

腹の圧力は分刻みに増す。正午、アクバルはこれ以上耐えられなかった。爆発寸前だった。この様子をうかがっていたバーバルは「どこにトイレのテントをたてようか？」と歩き回り、状況を長引かせた。

皇帝の腹の中は糞で満ちていた。もう駄目、というところでトイレのテントが設営された。アクバルはテントに駆け込み、解放感いっぱいに思わずうなった。テントの外で待っていたバーバルは聞いた。「私が先日申し上げたことにご賛成頂けますか？」

アクバルは言った。「これ以上の喜びはない」

自分の内側に押しとどめることができないものを解放したときには無上の喜びを感じるものではないだろうか？　それが何であろうと。

肉体が大問題になるときもある。生命を享受する上でその障害にもなるのだ。

肉体を理想の状態に保ちたければ、食事、睡眠、セックスなど、体の様々な活動に注意を払うことがとても大切だ。次の数ページでそれぞれについて考えていこう。

Sadhana ── サーダナ

一日中食べ続けないこと。これは重要だ。あなたが30歳以下なら1日3食摂ることは健康によい。30歳を過ぎているなら1日2食に減らすのがいい。私たちの肉体と脳は胃袋が空のときに最もパフォーマンスがよい。食べ物は胃袋を2時間半で通過し、12～18時間の間で身体システムから完全に出るということを意識して食べよう。これを意識するだけで、さらにエネルギー、敏捷性、注意力が備わることが分かる。この意識をもつことで、どの分野であろうと人生は成功する。

燃料としての食べ物

肉体は食べ物の蓄積そのものだ。ヨガは食べる物に大いに注意を払う。どんな食べ物を体に取り込むかは、体をどう構築するかということに大きな影響を与えるからだ。ヨガの科学は、何を、どのように、いつ食べるかということを詳しく説く。どんな食べ物を摂取するかが、肉体の性質と肉体がどれだけ快適かを決定する。

チーターのように速く走ることができる体を作りたいのか？　90kgのものを持ち上げられる体を作りたいのか？　より高い瞑想状態に入ることができる体を作りたいのか？　自分の性向と人生の目的にしたがってそれに適したものを食べる必要がある。

どう食べるかは物質的な身体の健康だけでなく、考え方、感じ方、生命を体験的に認識する方法をも決定づける。知的に食べるということは、自分の体がどんな燃料を必要としているかを理解することだ。それにしたがって適切な燃料を供給すれば体はベストの状態で機能する。

ガソリン車を買ったが、それにディーゼル燃料を入れてしまったとする。車はしばらく動き回るだろうが、最大の能力は発揮しないし寿命もかなり短くなる。同様に自分の体がどんな燃料を必要としているかを理解せず、ただ皿に盛られているものを闇雲に体に押し入れていては、最大の能力は絶対に発揮できないし、寿命もかなり削ることになる。体にしかるべき性能を求めるのなら、燃料と機械の適合性はとても重要だ。

人間のシステムにはどのような食べ物が一番適しているのか?

自分にとって最適な食物を摂ると体は幸せになる。そうでない食物を摂ると体は鈍く無気力になり睡眠量が増える。1日に8時間眠るならば人生の3分の1は眠っていることになる。残りの30~40パーセントは食事、トイレや体を洗うことなどに費やしている。生命を生きることに費やす時間は非常に少ない。食事をするのはエネルギーを蓄えるためだが、食事量が多ければ活発になるだろうか、それとも無気力になるだろうか? 何を食べるかによるが、食べてすぐは無気力になり、それから段々と活発になっていく。

その理由のひとつは、体のシステムは火の通った食べ物をそのまま消化できないから。消化のためにはしかるべき酵素が必要だ。消化の過程で必要な酵素は体内の酵素だけではなく、摂取した食べ物に含まれる酵素も使われている。食べ物を加熱すると通常80~90パーセントの酵素は破壊される。すると体はこの破壊された酵素を再構成しようとする。しかし調理によって破壊された酵素は完全に再構成することはできないため、ほとんどの人は摂った食物の50パーセントは無駄にしてしまっているのだ。

もうひとつの理由は体のシステムにかかるストレスだ。日々の活動のために必要なわずかなエネルギーをつくりだすために、体は摂取した食物全てを処理しなければならない。もし食物を必要な酵素とともに摂ったなら、身体システムははるかに高い効率で機能し、食物からエネルギーへの変換は大きく変わるはずだ。自然のままの食品を細胞が生きている状態で加熱せずに食べれば、体はより健康になり活気に満ちる。

これは簡単に実験できる。医者や栄養士、ヨガの指導者の意見は必要ない。食物は肉体と密接に関連しているものだ。どんな食物を食べると快く感じるのか。それは自分の舌ではなく体に聴く。体が最も快適に感じる食物が理想的なものだ。自分の体の声を聴くことを学ばなければならない。感覚が高まれば、どんな食物が自分に最適なのか正確に理解できる。口に入れる必要さえない。単に食物を見る、あるいは触るだけで、それが自分の体にどんな潜在的影響があるのかが分かるほど感受性を高度に発達させることができる。

Sadhana —— サーダナ

試してみよう。自分にとって理想的な食事を用意する。そして何かに怒り、全世界を呪い、それから食べる。食べたものが体内でどう作用するか、その日1日観察してみる。次の食事では「これは自分の生命の材料になるのだ」という敬意を払って食べる。食べ物が体内でどう作用するかを観察してみよう（もちろんあなたが利口なら、最初のステップは無視し、2つ目だけをするだろう）。

ほとんどの人は食べる量をこれまでの3分の1まで減らし、体重を減らすことなく、しかも以前より活発になる。これはあなたの内側の感受性がどれだけ高いかというだけの話だ。その感受性にしたがって体は栄養を受け取る。食事をこれまでの3分の1に減らしながら体の機能を全て保ち、これまでと同じだけの活動ができる。つまりはるかに効率良く機械を動かしていることになる。

〈コラム〉

種は未来のかたまり

全ての種のプラーナの値は、驚異的だ。なぜなら種は生命を凝縮したものだからだ。これは種の栄養価が高いということとは、別の話だ。本質的にナッツと呼ばれるものは種であり、種は素晴らしい可能性を持つ。種は植物の生命の未来だ。1粒の種が、地球全体を緑に変えることだってできる。そんな種を食べることで、様々なレベルで健康を向上させることができる。

ナッツを食べるときは乾燥しているものを6〜8時間水に浸ける。全てのナッツには自己保存のためにある種の化学物質が含まれている。水に浸けることでこの有害物質をナッツの表層に浮かび上がらせる。ナッツの表層を剝けば、この有害物質は除去できる。加えて水に浸けることで濃縮したタンパク質の含有量を減らすので（タンパク質量が多いと消化不良を起こすこともある）消化がよい。

地獄の台所

ベジタリアンとそうでない人の間で、昔から続く議論がある。「どちらがよいのか」と私はよく聞かれる。

ベジタリアンは聖人君子のように振る舞う傾向がある。一方で、ベジタリアンでない人に言わせると、動植物問わずに食べることで、よりたくましくなって、この世界を生きるのにふさわしくなれる。何を食べるのかをめぐって発展したちょっとした哲学だ。

ヨガには「何を食べればよいのか」についての宗教的、哲学的、スピリチュアル的、倫理的な提言は一切ない。肉体に最適な食物を摂っているかどうかだけを問題にしている。

どういう食物が最適かは目的によりけり。例えば、大きな身体を望むのならそれに見合う食物を摂るべきだ。高い知的レベル、注意力、認識力、敏捷性、その他の性質を備えた身体を望むなら、それぞれに見合った食物を摂る必要がある。もし健康や社会での成功だけでは物足りなくて、宇宙をダウンロードするのに十分受容性がある身体が欲しいのなら、食べるものは全く違う。何を求めるかによって、食べなくてはならないものは異なる。もしそれら全ての性質の身体を求めるのなら、適切なバランスが必要となる。

個人的な最終目標はさておき、体はどんな燃料を必要としているのか？ これがはじめに注意を払わなくてはならないことだ。食事の内容をどう改良するか、またどういう食事の仕方をするかはその後の問題だ。生存が目的なら何を食べてもいい。生き残ることが保証され、何を食べるかという選択肢があるときに、意識して食べるということが重要になる。胃袋の衝動からではなく、体に本質的に必要なものが何かということが問われるのだ。

動物は大まかに肉食性と草食性とに分類できる。野菜類を食べる動物か、ほかの動物を食べる動物だ。この2種類の動物の間には身体システムの構造に基本的な違いがある。今は食物に焦点を当てているので、それぞれの消化する過程について詳しく見てみよう。消化管の全体は唇から肛門まで。これを見ていくと肉食性動物と草食性動物には基本的に大きな違いがいくつかあることに気がつく。大事な違いだけを考えてみよう。

まず肉食動物の顎は嚙み切ることしかできないが、草食動物の顎は嚙み切ることとすり潰すことができる。人間は嚙み切ることとすり潰すことの両方を行う。

なぜこのように違う構造を持つのだろう？

熱を加えていない少量の米を1分間口に入れると甘くなることに気づく。口内で炭水化物は唾液内のプチアリンという酵素によって糖質に分解される（消化の過程の必要不可欠な部分）ので甘さを感じるのだ。プチアリンは全ての草食動物の唾液に含まれるが、肉食動物の唾液にはない。そのため肉食動物は単に食べ物を小さいサイズに切り裂いて吞み込む。しかし草食動物は食物を咀嚼《そしやく》しなくてはならない。咀嚼するということは、食物をすり潰した後に唾液と混ぜ合わせるということだ。つまり顎部分が構造的に改良されている。

しっかり咀嚼されていれば、消化の過程の約50パーセントは口の中で終わる。言い換えれば、胃で行う消化はすでに半分消化された食物を効率よく仕上げる過程だ。現代の生活では私たちは時間に余裕がなく、よく咀嚼しないで呑み込むように食べてしまいがちだ。食べ物は十分に消化されないだけでなく、本来の姿が部分的に破壊されてしまった食物によって、胃にはさらに負担がかかる。現代の台所は食物を効率的に破壊する場所になってしまっている。本来、栄養と生命にあふれた食べ物が、一連の調理の過程でその価値を落としている。食物の栄養価は下がり、プラーナの価値（人をスピリチュアル的に助ける力）を大きく損なっているのだ。

では消化管について考えてみよう。草食動物の消化管は通常その体長の5〜6倍ある。肉食動物は体長の2〜3倍だ。簡単に言うと肉食動物の消化管は草食動物に比べてかなり短く、この違いは摂取する食物の種類の違いを明確に表している。

生肉が消化管を通るのに70〜72時間かかる。調理された肉は50〜52時間。加熱された野菜は24〜30時間。生野菜は12〜15時間。果物は1・5〜3時間だ。

生肉を冷蔵庫から外に出して70〜72時間放置すれば、堪え難い悪臭を放つ。特に夏は温度と湿度の影響で腐敗の進行は早い。胃袋の中はいつも熱帯気候並みで、そこに肉が72時間あればものすごい腐敗が起こる。バクテリアが過度に活発になるので、体はその活動を抑えて病気にかからないようにするため大きなエネルギーを必要とする。

病気で入院している友人を見舞うとき、ピザやステーキは持っていかないだろう。普通は果物を持っていく。人間が野生環境にいたとき、まず何を食べていただろうか？　果物に違いない（聖書の中のアダムでさえ、りんごを食べたのを覚えていると思う。その後その行動が彼をどんなトラブルに巻き込んだのかも、私たちは知っているが！）。果物を食べるようになった後で人間が始めたのは、根茎の採集、動物の狩猟、調理、作物の栽培だ。果物は最も消化しやすい食べ物で、人間は本能的にこれを知っている。

ほとんどの肉食動物が毎日は摂食しない。1日3食などとんでもない。肉食動物は食べ物が消化管内でゆっくりと運ばれていくことを知っている。トラは6～8日に1食と言われている。トラは空腹時は機敏で、獲物に飛びかかると1回に25kgの大量の食事をしてから、通常は寝るか怠惰にぶらぶら歩き回るかする。コブラは1回の食事で自重の60パーセントの重さの食べ物を摂り、12～15日に1回しか食事をしない。中央アフリカのピグミー族はかつて象の狩猟をし、生でその臓器と肉を食べて血をそのまま飲んだ。このような食事をした後、彼らは40時間以上ぶっ通しで睡眠をとったという。生活習慣が都会化して座りがちな生活に変わってしまったので、私たちはもう昔のような生活はできない。人間の消化管は草食動物とほぼ同じなので、毎日食事をして決まった時間に休憩をとらなければならない。

〈コラム〉

タンパク質の議論

近年、タンパク質の摂取が重要視されている。しかしタンパク質は人間の体のたったの3パーセントしか構成しておらず、過剰なタンパク質の摂取は癌を引き起こす可能性があるということを頭に留めておくべきだ。肉にはタンパク質が多く含まれ、わずかな量で人間に必要なタンパク質量を満たすことができる。必要以上に摂った肉は、消化管内をゆっくり移動して癌のほかにも様々な問題を引き起こす。過剰なバクテリア活動、睡眠時間の増加、身体の鈍化、細胞修復の低下などだ。これら全てはさらに感受性の低下として現れる。これが「肉はスピリチュアルの妨げになる」とされる根拠だ。スピリチュアル・プロセスとは本質的に物質の限界を超越した知覚を拡大していくことだから。

消化のドラマ

消化の別の側面は、酸とアルカリの問題だ。ある種類の食物を消化するために体はアルカリ分泌し、別の種類の食物を消化するために酸分泌する。性質が色々と混じったものを体内に取り込

む と胃は混乱してしまう。酸とアルカリの両方を分泌すると互いに中和するので消化液の力を弱めてしまう。すると食物は胃の中に必要以上に長く留まることになり、細胞レベルで体の回復力を弱めてしまう。

これは人間のエネルギーのシステムにおいて、タマスと呼ばれる不活性さの原因となり、時間の経過とともに人の性質を変えてしまう。また、なりたい人間になる可能性をも損なってしまう。伝統的に南インドでは、ある種の食べ物同士を絶対に混ぜないように注意していた。しかし現代、食べ物は肉体を幸せにするものではなくなり、社会的なものになってしまった。人々は様々な料理を食べるようになり、健康を増進して肉体に宿る生命を育むことよりも、どれだけバラエティ豊かな料理が提供されるかが重視されるようになった。

気をつけなければならないのは「何を食べないか」ではなく「何をどれだけ食べるか」だ。これは倫理ではなく、生命にどのようにアプローチするかという問題なのだ。人は都会で生活する上で、機敏で活発な思考が必要となるが、同時に肉体とマインドのバランスも大切となる。そして中には現代社会で生存するだけでは飽き足らず、スピリチュアルの道を求める人もいる（その数はごく少ないにしても）。人は生きるスタイルに合った食物のバランスを把握する必要がある。自分と自分の肉体に対する観察と意識によってそれを行うのだ。

食べ物に対して神経質になりすぎないことが大事だ。食べ物を人生の全てにしてはいけない。人間以外の全ての動植物は何を摂り何を摂ってはならないかを理解している。人間の問題は、十分な注意を払っていないことと、情報が多すぎることだ。

ヨガの科学は本質的に人間の内面を扱うものだ。人間のメカニズムの科学。これに対する深い理解から始まり、多様なシステムに枝を拡げる。その枝のひとつが今日再び急速に流行しているアーユルヴェーダだ。「アーユル」は「寿命」を意味し、「ヴェーダ」は「科学」または「知識」を意味する。つまりアーユルヴェーダとは人の寿命を延ばす科学なのだ。このシステムでは、健康を増進させ、身体システムを規則的に正すために、植物の生命の外的性質と地球の要素を用いる。

Sadhana ―― サーダナ

ギー（澄ましバター）をスプーン1杯、毎食の数分前に口にすれば消化システムが驚くほど向上する。ギーをお菓子として砂糖と一緒に口にすれば消化の過程で脂肪に変わる。だが砂糖なしで口にすれば消化管を浄化し、治癒し、潤滑する。それに加え、大腸を浄化してたちまち肌に活気とつやが現れる。乳製品を控えている人も試してみるとよい。ギーはほとんど消化されずに消化器官を通っていくだけだからだ。

〈コラム〉

進化の暗号

ベジタリアンの食事が難しいなら、魚を食べるといい。魚は消化しやすく栄養価が高い。さらに魚は体にほとんど「跡を残さない」。

「跡を残さない」とはどういう意味か？

私たちの体（食べたものや排泄するもの、最終的には火葬か埋葬されるものを含む）は結局のところ土だ。あなたの中のソフトウェアが、食べた果実を人体に変換することを決定する。サルやネズミには変換されないだろう。身体システムは効率がよいもので、土を果物に変換するという果物のソフトウェアを完全に消去して、果物を人間という形態に変換する新しいソフトウェアに上書きする。より進化した生き物、特に哺乳類のソフトウェアは、より個性が明確で個々の性質を強く持つ。それが故に、摂取した動物のソフトウェアを自分自身の暗号解読システムで消去し、新しく自分のソフトウェアを上書きする作業をより困難にする。

魚は地球上の動物で初期の生命形態なので、私たちの体は比較的簡単にそのソフトウェアの暗号を解き、自分の体の一部にすることができる。もっと知性がある動物、特に感情を持つもの（牛や犬など）は、摂取後もその独自のメモリーシステムを保持し続ける。言い換えれば、進化段階がもっと進んだ知性と感情を持つ動物は、完全にヒトの体の一部にはできないということだ。

人間が地球と調和がとれていた太古は、動物を狩り、その肉を食べた後に非常に体力を使う活動をしていたので釣り合いがとれていた。しかし今日の座りがちの生活では、不必要に多い肉の消費が過剰な酸の分泌を引き起こす。これが現代に蔓延《まんえん》しているストレスの要因の一つかもしれない。それに加えて、大型動物（特に牛）は殺処分される前にせまり来る死の恐怖を意識する。高いストレスを受けるためにとてつもない量の酸を分泌し、それを体内にため込む。それがその後その肉を消費する人間に有害な影響をもたらすことになるのだ。

美食感覚

体の自然なサイクルを観察すると、マンダラと呼ばれるものがあることに気づく。マンダラとは40～48日の人間のシステムのサイクル（周期）だ。このサイクルの中で体が食物を不要とする日が3日ある。

自分の体がどう機能するか意識できれば、特定の日には体が食物を欲しないということに気づくだろう。その日は特別な努力をしなくても何も食べずにいても平気だ。犬やネコもこの意識がある。犬やネコは特定の日に何も食べようとしないことがよくある。

体のシステムが「食べない」という日は浄化の日だ。どの日が食べるべきでないか、ほとんどの人は意識できないので、インドの暦にはエーカーダシーの日が組み込まれている。エーカーダシーは新月と満月から11日目で14日ごとにある。伝統的に断食の日とされてきた。活動量が多くて食事抜きが困難な人や、適切なスピリチュアル・プラクティスをしていない人はフルーツ・ダイエットでもよい。

肉体とマインドに十分な準備を行わないで無理に断食をするのは健康を損なうだけだ。だが必要なプラクティスを行い、肉体、マインド、エネルギーに適切な準備が整っていれば、断食は実りあるものとなる。

ニコチン、カフェインを常用している人には断食は難しいだろう。したがって断食を行う前に適切な栄養源、特に果物や野菜のように水分を多く含む食物を食べることで体の準備を整えよう。断食は必ずしも全ての人にとって良いものではない。しかし正しく理解した上で行えば多くのメリットがある。

ヨガの修行の目的は、物質的な肉体という繭を開き、存在の全てを自分の一部として認識できる、感受性の高い肉体にすることだ。断食はこの論理の延長にある。断食とは食べ物の消化活動なしに自分自身に栄養を与える方法なのだ。現代では断食はデトックスの方法として用いられているかもしれない。しかし断食は人間の内側の論理だ。世界中の様々なスピリチュアル活動の中に一定期間の断食が含まれる理由はここにある。ヨガでは月のサイクルにしたがって断食を行うときが定められている。それは、月のサイクルのある特定の日に人は、水、空気、太陽光のエネルギーと自分を同化する能力が高まるからだ。ある宗教では断食は真夏に行われる。真夏は人間の体が水と太陽光をたくさん取り込む期間だからだ。

私の曽祖母は素敵な女性だったが、その素晴らしさが分からない人にはしばしば変人扱いされていた。曽祖母は自分の食べ物をよくアリやスズメにあげていた。そして食べ物をあげているときには至福の涙が頬を伝っていた。「ばあちゃん、なぜ自分で食べないの？」と周りの人はいつも言った。曽祖母はただ「私はお腹いっぱいなんだよ」と答えた。食べるように忠告した人たちは皆、曽祖母が亡くなるはるか前に亡くなった。曽祖母は長生きし、１１３歳という信じられないほどの高齢で亡くなった。

母も昔は同じことをしていた。毎日朝食を食べる前に、片手分の食事を手にして食べ物をあげようとアリを探しに出たものだ。朝食はいつもその後だった。このようなふるまいは、インドの多くの家庭の女性には伝統的なものだった。アリは身の回りでは一番小さく、思いつく中で最も取るに足らない生物だ。だからこそ先に食べ物を与える。供物は神や天上の神々しい存在にするのではなく自分が知っている最も小さな生き物にする。地球は自分のものであるのと同じようにアリのものでもある。地球上の全ての生き物は自分と同じように生きる権利があることを理解しよう。こうした理解は肉体とマインドによい環境をつくり、意識を発展させる上で役に立つ。

このような簡単な行動で自分自身を肉体の縛りから少し解放できる。肉体だけの存在でいることをやめると、様々な面で「自分は何者か？」という意識が自然と高まる。ものすごくお腹が空いたとき、肉体は食べることしか考えない。そこで2分だけ待つ。すると大きな違いが生まれることが分かる。とてもお腹が空いたとき、自分は肉体そのものだ。自分と肉体の間に小さな空間をつくると、とたんに自分は肉体だけのものではなくなる。

ゴータマ・ブッダ[*12]は言った。「食べ物が欲しくてたまらないとき、その食べ物を他人に分け与えれば、人はより強くなる」。私はそこまで厳しいことは言わない。しかし「数分間待ってみよう」とだけ言っているのだ。そうすれば確実に強い人間になれる。

もし食べ物に対してすごく衝動的なら、意識的に食事を1回抜くとよい。格段に空腹を感じていて、食卓には好きなメニューが並んでいるという日にあえて食事を抜いてみよう。これは自分に対する拷問ではない。肉体は得てして拷問部屋と化してしまうものだが、食事を抜くことはその拷問部屋から自分を解放するためのものだ。

何を、どれだけ、どのように食べるか。このプロセスを衝動的なパターンから意識的なものに変える。これが断食の本質だ。

Sadhana ── サーダナ

試してみよう。1日目は、果物か野菜など調理されていない自然食、もしくは採れたてで新鮮な食べ物が25パーセントの食事をする。その後4、5日ほどかけてゆっくりとそれを100パーセントまで持ってくる。1日か2日、100パーセントを保ち、今度はパーセンテージを10パーセントずつ減らす。5日かけて50パーセントの生の食べ物、50パーセントの調理した食べ物にする。1日16～18時間活動する人にとってこれは理想的な食事だ。

思い出してみよう。調理した食べ物を摂るには15分はかかるだろう。しかし生の食物なら同じ量を食べるにはもっと噛む必要があるのでもっと時間がかかる。しかし体の習慣で15分経つと体が「食事は終わりだよ」と言ってくる。するとおのずと食べる量が減り、体重も減る。大切なのは、自分がどれだけ食べているのかをもう少し意識するということだけだ。

緊張からリラックスへ

夜に睡眠をとるということが昼と夜の違いをつくる。この違いは、睡眠がもたらすリラックスのレベルから生じる。日中に活動しているときもリラックスできていれば、夜になっても朝と同じくらいのエネルギーと熱意を保てるだろう。

元気な朝は良い1日のはじまりだが、時間の経過とともにリラックスできなくなってきてストレスを感じだす。ストレスの元凶は仕事ではない。ここは理解すべき重要なポイントだ。人は皆、仕事はストレスだらけだと思っている。だがストレスだらけの仕事などない。もちろん多くの仕事には様々な困難がある。嫌な上司、頼りにならない同僚、救命救急での対応、あり得ないほど早い締め切り、はたまた戦闘地域に派遣される……。

しかしそれらの仕事ははじめからストレスだらけだったわけではない。ストレスと感じるものの正体は、自分の置かれた状況に対する衝動的な反応だ。ストレスとは、ある程度、人間の内側の葛藤である。自分の内側の状態を把握してある程度の意識を持てば、内側のメカニズムを容易に円滑にすることができる。つまりストレスを感じるというのは、自分の体をうまく扱いきれていないということ。様々なレベルにおいて自分の肉体、マインド、感情をどう扱ってよいのか分からない。それが問題なのだ。

ではストレスから解放され、昼であれ夜であれ、物事に対する熱意、落ち着き、幸福の状態を同じレベルに保つようにするにはどうすればよいのか？

人の空腹時の平均脈拍数は70～80台。適切な瞑想のプラクティスを行っている人の脈拍数は30～40台だ。多めの昼食を摂ったとしても50台にとどまる。これは自分の肉体がその瞬間その瞬間での落ち着きのレベルを示すひとつの指標だ。肉体がエネルギーを補充したりバイタリティを回復する能力は、落ち着けるかどうかにかかっている。

活動せずに身体のシステムを落ち着かせるのではない。必要なのは活動してもそれが影響しないように身体システムを維持することだ。肉体的に疲れ果てていたとしても、それがストレスになる必要は決してない。活動はたくさんしていながら、それでいてリラックスしていられるというのが理想だ。簡単で確かなヨガ・プラクティスを始めれば、2、3ヶ月後には脈拍数が8～20は楽に落ちる。これは体がより効率よくリラックスしたペースで活動しているということだ。

肉体が必要としているものは睡眠ではなく休養だ。1日を通して体をリラックスさせられれば睡眠時間は自然と減る。もし仕事や散歩または軽い運動が自分にとってのリラグゼーションなら睡眠時間はさらに減る。

人間は全てのことをハードにやろうとする。公園を歩いている人たちが緊張しているのが私には分かる。なぜもっと楽しんで公園を歩いたりジョギングしたりしないのだろう？　この人たちはまるで戦闘に行くかのようだ。これでは健康のためどころか健康を損なってしまう。生命と闘ってはいけない。人間は生命に反して生きているのではない、人間は生命なのだ。生命と調和をとればものごとは楽に進んでいくのが理解できるはずだ。体を鍛えたり健康を維持することは闘うことではない。野外ゲーム、スイミング、散歩、ジョギング。楽しくできることを何かしよう。一日中チーズケーキを食べる以外に何もしたいことがないとすればそれは問題だ。しかしそうでなければ、活動することとリラックスすることは両立できる。

では睡眠はどれだけ必要か？　それはどれだけ肉体を使う活動をするかによる。食事量も睡眠量もその量を固定する必要はない。どれだけ食べるか、どれだけ眠るかを計算するのは意味がない。今日どれだけ食べればいいかは自分ではなく体に決めさせよう。今日はあまり動かなかったら、食べる量は少なくなるだろう。明日は活発に動き回るなら、もっと食べるだろう。睡眠も同じ。十分にリラックスできれば目が覚めてくる。体が十分に休息できれば、朝3時か4時か、あるいは8時であれ、適切な時間に目が覚める。食事と睡眠については自分の体が一番的確に判断してくれるのだ。

肉体に一定レベル以上の意識があれば、十分な休息がとれているかぎり肉体は覚醒する。もし肉体を活気づけたいと望んでいればの話だが。ベッドを墓として使用しようとしているならば、それは問題だ。「生きること」から逃避しなくていいように肉体を然るべき状態に保つのだ。体が目覚めるのが待ち遠しくなるように、体をメンテナンスしよう。

Sadhana ― サーダナ

枕を使わない、あるいはとても低い枕を使って寝ると脊椎が捻れないので、脳や神経の細胞の再生にはとても良い。枕なしなら横向きではなく仰向けで寝るのがよい。ヨガではこの姿勢をシャヴァーサナと呼ぶ。この姿勢は体の浄化とバイタリティの回復を高め、エネルギーシステムの自由な流れを促進し、リラックスと活力を与えてくれる。しかしこれらのことを守らなくてはいけない決まりごとのように受け止めないこと（少なくとも寝ている間は、自分のポジション〈立場も姿勢も〉をはっきりさせなくていい）。

肉体から宇宙へ

存在というものは「はっきりしない」と「はっきりした」の間で揺れている。何かが明瞭に分かれるというとき、そこには二元性がある。光と闇、男性と女性、生と死など。融合こそが創造の基本なのだが、この二元性は生命に質感、形、色彩をもたらす。様々な存在の全ては、基本的に二元性に根ざしている。２つだから多数存在するのだ。もしひとつしかないなら存在はない。

2つあるから生命のゲームが始まるのだ。

ひとたび二元性が生まれれば、性が生まれる。私たちが性と呼ぶものは、ひとつになろうとする二元性の2つの極だ。この二元性の2つの極が引き合うプロセスには、生殖や種の生存のような自然の機能がある。元々ひとつだったものが2つとして表されているので、全ての二元性の両極は融合しようとする。絶え間なくひとつになろうとするのだ。

ひとつになろうとする働きには様々な形がある。若く、頭の中がホルモンにハイジャックされていればセックスという形をとる。さらに年をとって理性より感情が上回ったとき愛という形をとる。老いに入り、ホルモンのいたずらに関わらなくなったら祈りという形をとる。しかし年齢にかかわらず、これらを超越した高い意識で融合を求めるのなら、ヨガがそこへ導く道だ。

肉体を通して一体性を求めるなら、どうあがいても肉体は常に自分と相手の2つあるということを覚えておかなければならない。時にはその2つの間に融合の感覚が起きることもあるだろう。しかしやがて離ればなれになる。それが離婚でないにしても死によって必ず離れる。これは当然の成り行きだ。

セックスは2つの対極同士がひとつになろうとする企てだ。個性とは自分の好き嫌い、趣味や考え方といった頭の中で作りあげた心象にすぎない。個性とはまた、物質的な身体の境界の内側に囚われていることをも意味する。人は意識していないだろうが、内側の生命はこういった境界の外側に出たがっている。心の境界を打ち破ろうとするとき、会話をしたり、本を読んだり、酒を飲んだり、薬に手を出したり、突飛な行為に出たりしたくなる。身体の境界を打ち破ろうとするとき、ピアスを開けたり、タトゥーを彫ったり、髪を染めたり、あるいはセックスという「昔ながら」の行為に出ようとする。

セックスの意図は素晴らしい。だが、一体性を求める方法としては見込みがない。快楽が関わっているので、2人の人間を惹きつけ合うが、ひとつになれるのはほんの束の間だ。そこで人は感情や知識といったほかの部分でこれを満たそうとするのだ。人はいつも次のように共通点を見つけようとする。「僕たちは同じアイスクリームが好き、ビデオゲームが好き、星座が同じ、髪の色が同じ、好きなテレビ番組が同じ……」等々。しかし決してひとつにはなれないことを理解しない限り、あなたは「正反対」を楽しむことを学ぶことができない。

「男性性」、「女性性」と呼ぶこの2つのエネルギーは常にひとつになろうとする。それと同時に、このひとつになろうとする切望を除けば、この2つのエネルギーは対極のものだ。この両極は恋人同士であると同時に敵同士でもある。この2つの類似性を探せば共通点はほとんどないように見えるが、対極同士だから惹かれ合うという原理が常に働いているのだ。

多くの人はこのようなこの基本的な身体行為をそのまま受け入れられない。だから様々な飾りつけを考え出して美しく見せようとする。人は常に感情を飾りとして付け加える。感情が介在しないとセックスは醜く見えてしまうから。たくさんの飾りで現実をあえて曇らせて見せているとも言える。

セックスは自然だ。肉体に内蔵されたものである。しかしセクシュアリティー[*13]は人間が発明した心理的なものだ。セックスが肉体のものであるなら問題ない。それは美しい。だが、ひとたび心理的なものが入ってくると不純なものに変わってしまう。心は関係ないものなのに。セックスは人間の小さな一面にすぎない。しかし現代では巨大なものになってしまっている。多くの人にとってセックスは人生そのもののようになってしまった。

現代の社会で、人はエネルギーの約90パーセントをセックスを求めること、あるいは避けることに費やしているのではないかと私は思う。セックスは生殖のための自然のしかけにすぎない。この対極同士が惹き付け合うしかけがなかったら人類は絶滅していたはずだ。しかし私たちは、男性と女性を2つの違う種類の動物であるかのように、明確な区別をつけてきた。人間のようなセックスの問題は地球上のほかの動物にはない。動物は一定の時期にだけ衝動が起こるが、それ以外の時期にはその衝動は起きない。一方で人間は常に性のことで頭がいっぱいだ。

これが起きたひとつの原因は、これまでにたくさんの宗教がセックスという単純な体のプロセスを罪深いものとして否定したことにある。宗教は人間の生態すら受け入れることができなかったので、生物学的営み（セックス）の限界の先を見据えるよりもセックスを否定したのだ。もし私たちが生物学的なものを気にしなければ、誰がどの性別かなんて気にならないはずだ。人は本来の価値だけで判断されるだろう。誰かが男か女かなんて無意味な問題だ。人間としての本質的な違いを感受できないときに、女性搾取が始まるのだ。

生物学的な営みを神聖なものとみなす必要はない。汚らわしいものとみなす必要もない。生物学的営みは生命のしかけなのだ。その営みがあるからこそ、人が存在する。生物学的営みを高く評価したり貶めたりせず、そのままを受け入れることができれば、それはそれなりの美しさがある。

あなたが人生で体験する官能とは、まだ自分ではないがこれから自分の一部になろうとしているものへの化学的な誘引だ。これは人の融合、あるいはヨガの状態へと焚き付ける自然の法則である。官能は本質的には喜ばしいものではあるが、差別的なものでもある。2人の人間が情熱のまっただ中にいるとき、彼ら以外の世界は除外されるか、存在すらしない。喜びを持続させたいのなら、その快楽は全てを包み込んで一体となるものでなければならない。全てのものと一体となること。それがヨガだ。ゆえに**2人以外の世界を拒否することは答えにならない。2人の世界を無限に拡げるというのが唯一の答えだ。**

絶え間なく生命を吹き込む息吹を感じる力を持つ。これ以外に何が大切なのだ？　アナパナ・サティ・ヨガと呼ばれる、呼吸によってオーガズムを経験するプロセスがある。入って出る呼吸のヨガだ。アナパナは「入る」と「出る」という意味。サティは女性の配偶者という意味。つまり、ここでは明らかにオーガズムを伴う融合を意味する。アナパナ・サティ・ヨガは呼吸を意識し、呼吸をすることとの深遠な世界へと導く。そして吸って吐くだけの呼吸が、言い表せないほどのエクスタシーの根源になり得ると示してくれるのだ。

Sadhana ── サーダナ

肉体には生命をさらに発展させる可能性がある。身体は卑俗なものから神聖なものまであらゆる可能性を生む基盤だ。食べる、寝る、セックスするといった行為は、卑俗なものにもなるし、神聖なものにもなる。これらの行為に微妙なさじ加減で思考、感情、意図を付け加えることによって神聖なものになり得る。覚えておいてもらいたいのは、人の「消極性」と「無意識」、あるいは「積極性」と「意識」が、行為を卑俗にするか神聖にするかを決定づけているということである。人であれ、食物であれ、モノであれ、自分が関わっているほかの存在の神聖さを認識する。そうすれば呼吸のひとつ、歩みの一歩、単純な動作、考え、感情もが神聖になり得るのだ。

　恋人同士のあらゆる行為の中でも、単純に手をつなぐことが最も親密な行為だ。なぜか？人間のエネルギー・システムは手足に際立って現れるからだ。2つの手の平を合わせることは、ほかの体の部分を触れ合わせるよりもはるかに親密な行為だ。

　これは自分1人で試すことができる。両手を重ねると2つのエネルギー（右と左、男と女、太陽と月、陰と陽）が自分の中でつながる。さらに自分の内側で融合を感じる。これはインド伝統のナマスカール[*14]の論理に基づいた体を調和させる方法だ。

　融合の状態を得る簡単な方法はナマスカール・ヨガだ。両手の平を合わせ、使う道具、消費するもの、出会うあらゆる生き物に、愛をこめて接する。どんなささいな行動にもこの意識を持てば、生命への認識は必ず変わる。手を合わせるだけで世界をひとつに融合できるのだ。

ホルモンのハイジャック

かつて聞かれたことがある。「人間が、色んな衝動の中で、セックスにとりわけ取り憑かれているのは不思議じゃないですか？」。何も不思議ではない。これは前にも書いた「ホルモンによるハイジャック」だ。それにセックスは一番強い衝動ではない。一番強いのは飢えだ。

大抵の場合、セックスについて考えるのはただの衝動的な反応だ。子どもの頃は、他人がどの生殖器を持っているのかなど全く気にならなかった。

体内でホルモンがいたずらを始めるようになると、セックスのことしか考えられなくなってしまう。ホルモンがいたずらをしなくなる年齢になると、セックスのことは気にならなくなる。年をとってから若いときの自分を振り返ると、セックスのことしか頭になかったことなど信じられないだろう。

肉体そのものには何も問題はない。しかし肉体には限界がある。限界があることも問題ではない。肉体に従っていけばそれなりの喜びは得られる。限界があるものを追い求めるのは罪というわけではない。しかし、それでは人生は決して満たされない。

例えば、自分にものすごいセックスアピールがあって世界中の異性が自分を追い求めてくる状況を考えてみよう。それでも心底満足できないということに気づくだろう。それは肉体が認識できる範囲内でしか生きていないからだ。肉体が認識できる範囲とは、つまるところ生存と生殖だけである。肉体は刻一刻と死に向かって直進しているのだ。

肉体は大地からの借り物だ。「死」は、大地に対してローンの返済をするということだ。全ての生命は大地のリサイクルだ。あなたは今「サッカーの試合会場に向かっている」と思っているかもしれない。だが肉体が向かっているのは墓場だ。今はそれを意識していないだろう。だが「肉体の本質は死に近づくこと」ということが時間とともに明らかになる。肉体の範囲内だけで物事を認識している限り、常に不安と恐怖がつきまとうことになる。肉体はいずれ失うものなのだから。

人間は「恐怖は存在の自然な一部だ」と考えるようにさえなっている。しかしそれは違う。恐怖が生まれるのは、存在が不完全だからだ。生命の偉大さと多次元性を十分に探求しておらず、自分自身を物質としての肉体の範囲に留めておけば、恐怖が生まれるのは当然だ。

ジョージ・ベストをご存じだろうか。彼はかつてイギリスの偉大なサッカー選手だった。彼は自分が知っている最高の方法で人生を歩もうと決意した。メディアは、彼が全ての有名な映画スターやファッションモデルを抱いていると騒ぎ立てた。だが彼は35歳で破産し、惨めな半生を過ごし、59歳で死んだ。問題はその死ではなく、どう生きたかという点だ。ジョージ・ベストは全てを手にしたが、人生は悲惨だった。

肉体には限界がある。肉体は生きることの、ごく限られた役割を果たすにすぎない。肉体の役割を、生きること全体にまで拡げようとすると、無理がでて苦しむ。肉体を生命と同一視すると、生命からとんでもないしっぺ返しをくらうのだ。

ホルモンは何も問題ではない。しかし衝動のままに生きるのは奴隷の生き方だ。仕事、家庭、人間関係は全て順調だと思っているかもしれない。しかし気づかないうちに自分が衝動に乗っ取られてしまい、だんだんと惨めになっていくのだ。人間の内側には「奴隷にはなりたくない」という何かがある。多くの人は富と健康の追求に必死だ。文明というものの外側の皮一枚剝がせば、実に不快なものが見えてくる。私たちの子どもたちもその犠牲になっている。それは人間というものの可能性を意識することを怠り、物質という狭い領域に人間を押し込めてしまったツケがまわったからだ。

現代、肉体にばかり執着してきた人間はこれまでになく苦しんでいる。たしかに医療、保険、車など、物質的に見れば現代以上に豊かな生活は考えられない。過去のどの世代よりも快適で便利な生活を享受している。一方で、人間はとても苦悩している。先進国では、およそ5人に1人は精神バランスをとるために何らかの薬を使用しているという。正気でいるために毎日薬を飲まなければならない人生は楽しいとは言えない。生きる上でのただの小さな側面をあなたの人生の全てだとみなしてしまったがために、人間は崩壊寸前まで追い込まれているのだ。

〈コラム〉

死の必然性とその深遠さ

命には限りがあると気づいたとき、人ははじめて人生（生命）には何かもっと深いものがあるのではないかと知りたくなる。そのときスピリチュアルの道が開ける。

あるとき。80代の男2人が出会った。1人がもう1人に聞いた。「君は第2次世界大戦で戦ったかい？」

もう1人が答えた。「ええ」

最初の男が、どこでどの部隊で戦ったのか聞いた。もう1人が答えた。

最初の男は驚いた。「なんということだ！　私を覚えてないかい？　同じ塹壕《ざんごう》にいたんだよ！」

2人は意気投合し、話は弾みに弾んだ。2人が経験したのは40分の激しい戦闘だった。だが彼らはその塹壕を通り過ぎていくひとつひとつの弾丸について語り合った。ヒュー、ヒュー、弾丸は彼らをほんの数センチかすめて飛んでいった。その40分間について4時間語り合った。

語り尽くした後、1人がもう1人に聞いた。「戦争が終わってからどうやって暮らしてきたんだい？」

「この60年間、ずっとセールスマンだったよ」

いつ死んでもおかしくなかったその40分間が彼らの人生を意味づけた。なぜなら、死の必然性が目の前でぶら下がっていたからだ。その40分以外のその男の人生は、1行で片付けられた。「セールスマンだった」という。

命に限りがあることを理解したとき、人は言語に絶する深遠なものを自分自身の中に見る。もしあなたが自分の永遠の性質を認識できなかったとしても、少なくとも限られた命の性質を認識しなければならない。死は生命の終わりではない。死は肉体の終わりというだけのことだ。もし自分と肉体とをとても深く同一視して生きてきたのなら、より死から逃れようとあがくことになってしまう。死は、いずれ訪れる肉体の終わりという不可避なものだからだ。その事実に真に向き合ったとき、死を超越しようとする切望は、純粋なものになる。

＊1　ロバート・フロスト　アメリカの詩人。1874年生まれ1963年没。農村の暮らしのリアルな描写で知られる。ピューリッツァー賞を4度受賞。

＊2　「壁を好きになれない何かがある」　ロバート・フロストの詩「Mending Wall」の冒頭の行。

＊3　グレイス　通常は「神の恩寵」と訳される。ただし本書はキリスト教の神についての話では

ないので「神の恩寵」ではない。サドグル曰《いわ》く「グレイス」は「人生を円滑にする潤滑油のようなもの」だという。

＊4　磁気赤道　地磁気の伏角がゼロの地点を連ねた線。赤道付近にあるが赤道とは一致してない。

＊5　アシュラム　生活環境のあるスピリチュアルの成長のための修養の場。

＊6　スワミジ　「スワミ」は「導師」あるいは「学者」の尊称。「ジ」は「〇〇先生」のニュアンスがある敬称。

＊7　シヴァ　ヒンドゥー教で3人の主神の一人。破壊と再生を司ると言われる。

＊8　ラーマ　ヒンドゥー教でビシュヌ神の第7化身。

＊9　クリシュナ　ヒンドゥー教でビシュヌ神の第8化身。

＊10　アクバル皇帝　北インド、ムガル帝国3代君主。偉大な皇帝として名をなした。1542年生まれ1605年没。

＊11　バーバル　ムガル帝国アクバル皇帝に仕えた廷臣。賢者としてインドの昔話にしばしば登場する。

＊12　ゴータマ・ブッダ　釈迦。仏教の開祖。「ゴータマ（ガウタマとも表記される）」は姓で「ブッダ」は「目覚めた人」を意味する。

＊13　セクシュアリティー　性と欲望に関わる人間の活動全般を指す。ここでは生物学的な生殖行為の意味ではなく、社会的・文化的につくり上げられたものという意味で使っている。

＊14　ナマスカール　「ナマス」は相手に帰依するという意味。「ナマスカール」はよく知られる挨拶に使う「ナマステ」よりも目上や年配の人に使う。通常、両手の平を合わせて挨拶する。

マインド

奇跡か大混乱か?

あるとき。ある男が超能力を身につけたいと思った。教えを乞おうと必死になって、グルからグルへと渡り歩いた。そしてついにヒマラヤの荒野にあるアシュラムにたどり着いた。

そのアシュラムのグルは男の目的を見抜いて諦めさせようと思った。「その能力で何をしたいのだ? 修行をして水の上を歩けるようになったとしても、3日もすれば船に乗った方がいいと気づくはずだ。そんなつまらないことのために人生を無駄にするな。代わりに私が瞑想を教えよう」グルは色々と諦めさせようしたが男は頑固だった。

最後にグルは言った。「そんなに決心が固いなら、明日の朝4時、川で身を清めてから私のところへ来なさい。超能力が身につく秘密の儀式を授けてやろう」

男は大喜びだった。日が昇る前の凍りつくようなヒマラヤの川の水に浸かって体を半分青ざめさせ、期待いっぱいにグルの前に座った。

グルは言った。「とても簡単だ。これから40日間この秘密のマントラ[*1]を毎日3回ずつ唱えれば、超能力はそなたのものだ」

グルはマントラを披露。

アサトマ　サッドガマヤ（私を無知から真実へ導きたまえ）。

グルは言った。「これを40日間、1日3回唱えるのだ。そうすれば超能力は身につく。しかしマントラを唱えるときに、決してサルのことを考えてはならぬ」

男は修行が簡単で驚いた。そして喜びながら聞いた。「これだけですか？　それでは失礼します」

グルは言った。「40日経ったら戻ってきなさい」

男は大興奮で去った。「バカなグルだ。お金も取らずに俺に秘密を教えるなんて！」。彼は考えた。「サルのことは考えるなって言ってたな。なぜ俺がサルのことなんか考える必要がある？　バカらしい！」

男は山腹に下りてガンガー川[*2]の岸に着いた。聖なる川で身を清めてから修行を始めた。しかし「アサトマ」と唱えるやいなやサルが！　サルが頭の中に現れるたびに男は川で身を清めた。マントラを様々なヨガのポーズで唱えてみたりもした。それでも最初の「ア」の字を口にするだけでサルが頭に現れる。それも大群のサルが。1週間の厳しい修行の後、もうマントラを唱える必要はなかった。宇宙はサルで満ちていた。サルの悪夢。数えきれないサルに悩まされ、何もできずに男はグルの元へ戻って言った。「超能力なんか要りません。とにかくサルから解放してください！」

何かについて考えまいとすると、それこそが最初に頭に浮かんでしまう。人間のマインドとはそういうものだ。

最近は脳の活動について様々な研究が行われている。脳内でニューロンが発火[*3]する過程を見ると脳細胞の活動には結束力があることが分かる。人間の身体が効率的に機能するのもこの結束力があるからだ。今こうしている最中も人間の身体の内では何十億という洗練された活動が行なわれている。ニューロンの高度に調和された複雑な営みのお蔭だ。

しかし残念なことに、ほとんどの人のマインドはサーカスのようにハチャメチャになっている。サーカスは実際にはとても調和された活動だが、わざと大混乱したように見せる。サーカスのピエロでさえアクロバットの達人だ。馬鹿のように振る舞うが、本当は才能があり高い技術を持っている。「マインド活動とは何か？」というのは、ピエロの喩えが分かりやすい。

このマインドという素晴らしいアクロバットの達人が、どういうわけでピエロのようになってしまったのか？　なぜ魔法の源から混乱に変身してしまったのか？　この驚異的な装置がどうして惨めさを生み出す機械に変わってしまったのか？

前も書いたが、人間は本質的に内側と外側で快さを求めている。外側の快さを実現する方法はたくさんあるが、その実現に成功したものは誰もいない。しかし内側の快さは、それを実現するために必要なものはただひとつ。自分。自分だけが、内側の生命の設計者であり創造者なのだ。しかし自分をどうすればよいのか、その方法が分からないのが問題だ。普通に考えれば、自分自身が自分を惨めにするわけがない。人間は自由にものを考えることができるはずなのに、なぜ自ら惨めになる道を歩んでしまうのだろう?

問題はただこれだけ。自分のマインドが、自分自身から指示を受けてない。旧石器時代の原始人がパソコンのキーボードを叩いているところを想像してほしい。画面に表示される内容はめちゃめちゃなものだろう。

自分と自分のマインドとの間に区別を作るのがヨガのテクノロジーだ。「自分」と「自分の肉体とマインドがこれまで蓄積してきたもの」の間には空間がある。この空間を意識することが、自由への最初にして唯一の糸口だ。今まで蓄積してきた生理的また心理的な内容物こそが、人生(そしてそれを超越した次元)で周期的なパターンを引き起こしている。もしあなたが常に「自分」と「肉体・マインド」との間の空間を意識することができたのなら、限りない可能性への扉を開くことができるのだ。

苦しみには2種類しかない。肉体の苦しみとマインドの苦しみだ。この「自分」と「肉体・マインド」の間にある空間が常に認識の中にあるのなら、苦しみは終わる。苦しみの恐怖がなくなれば、人生を全力で歩むことができ、怖《お》じけずに人生で与えられたあらゆる側面を探索することができる。肉体とマインドの外に自分を置くことにより、この非常に洗礼された肉体とマインドを駆使する能力が高められ、全く新しい経験と有益性が得られるようになる。パラドクスのように聞こえるかもしれないが本当だ。「自分」と「肉体・マインド」の間にある空間の認識が深まれば、マインドの混乱は収まる。マインドは今や統制のとれたオーケストラであり、人間を高みへと引き上げる巨大な可能性を持っているのだ。

存在の究極の本質に向かう旅は、**「限りない融合」**として体験的に認識するものだ。それがヨガだ。自分と自分の肉体、そして自分と自分のマインドとの間に距離を置くことではじめてこの体験的な認識は可能になる。限りない融合は「体験的認識」であり、考え方、哲学、概念ではないということを覚えておくことが大切だ。宇宙はひとつだということを理論として証明できれば、パーティーで人気者になれるだろうし、セミナーで喝采を受けるかもしれない。ノーベル賞の受賞もあるかもしれない。だがそれだけのことだ。一方で、限りない融合の体験は、あなたを全く違う次元――愛と至福の次元、知性をはるかに超えた次元――へと導くことができる。

「全てはひとつのもの」ということを知的に理解することは実のところマイナスだ。「宇宙と一体になる」とか「全世界を愛する」というたぐいの浮ついた哲学を人は口にする。しかしそういう哲学は現実を前にすると崩れてしまう。金の話になると自分のものと他人のものの区別が急にはっきりしてくる。こういうときに自分と他人が一体化するなんてとんでもない。

あるとき。シャンカラン・ピライがヴェーダーンタ教室に参加した。ヴェーダーンタはインドの哲学で自己と神の一元論を説く。博学な哲学者である教師は絶好調で講義をしていた。「あなたはただの『あれ』や『これ』なのではない。あなたは至るところに存在する。『あなたのもの』とか『自分のもの』というものは存在しない。全てがあなたで、全てがあなたのもの。すなわち全てはひとつ。あなたが見る、聞く、嗅ぐ、味わう、触るものは現実ではない。それらは全てマーヤー[*4]、幻影なのだ」

シャンカラン・ピライの頭の中でこの素晴らしいヴェーダーンタの言葉が響き続けていた。家に帰って一晩考え続けた。目覚めると気持ちが燃えてきた。いつもは寝ることが大好きなのに、ヴェーダーンタのお蔭でベッドから飛び起きた。最初に考えたことは「僕のものでないものはない。全てのものは僕のもの。全ては僕。この世界の全てのものは僕で、全てはマーヤーだ」。

哲学はともあれ、時間が経てば腹が空く。シャンカラン・ピライはお気に入りのレストランに行き、朝食をたっぷり頼んで貪るように食べてから自分に言った。「食べ物は僕。これを運んでくるのも僕でこれを食べるのも僕」。ヴェーダーンタ！

朝食が済んだ。ヴェーダーンタの高尚な気分に浸っているまっただ中で、勘定を払うなどという俗っぽいことなど思い付きもしなかった。立ち上がって店を出ていった。全てが自分のものならどうして勘定する必要がある？

カウンターを通り過ぎたとき、店のオーナーが何かの用事でカウンターを離れた。シャンカラン・ピライはカウンターの中に大金を発見した。すぐさまヴェーダーンタの教えが頭の中で囁きだした。「あらゆるものはお前のもの。『あれ』と『これ』の区別はない」。ポケットの中は空っぽだったので、お金の箱に手を突っ込んで金を頂戴し、ポケットにしまい込み、のんびりとレストランを出た。強盗ではない。これはヴェーダーンタの実践なのだ。

突然レストランから人が走り出てきて彼を捕まえた。シャンカラン・ピライは言った。「誰を捕まえようとしている？　君は捕まえる人で捕まった人だ。捕まえられたのは君。捕まえたのも君。君や僕は存在しないのに誰に払えというんだ？」

オーナーは困った。ただこれだけは明らかだった。「わしの金はこいつのポケットの中にある」。だがこいつが言うには「捕まえたのはわし、捕まえられたのもわし」。オーナーはお手上げだった。考えた末にオーナーはシャンカラン・ピライを裁判所に連れていった。

ここでもシャンカラン・ピライはヴェーダーンタを続行。判事は彼が盗みを働いたということを理解させようと苦心したが無理だった。判事は諦めて言った。「仕方ない。この男の背中に鞭《むち》打ち10回」

1発目の鞭…シャンカラン・ピライは悲鳴をあげた。

判事は言った。「気にすることはない。全てはどのみちマーヤーだ。痛みや喜びというものは存在しない。全てはマーヤーだ」

2発目の鞭…シャンカラン・ピライは叫んだ。「もういい！」

判事は言った。「鞭を打っているのはお前だ。鞭で打たれているのもお前だ」

3発目の鞭…シャンカラン・ピライは叫んだ。「やめて、やめて！」

判事は言った。『始める』とか『やめる』などというものはない。全てはマーヤーだ」

このようにして10発の鞭が続いた。しかし10発が終わる前にシャンカラン・ピライの中からヴェーダーンタはきれいさっぱりなくなってしまった。

体験的認識に裏付けられてない知的理解は、マインドゲームに陥って、自分自身を欺くことになるかもしれない。しかし「ひとつになること」が体験的認識に裏打ちされたリアリティならば、幼稚な行動をとることはない。それは生命の本質についての体験的認識を生み、人間を変革するのだ。

この体験的認識が一般的かどうかを考えるのは意味を持たない。それは実存する真実だ。意味を持つのは個人の問題なのだ。ヨガを単純に表現すると「チッタ・ヴリッティ・ニローダ」。その意味は「マインドの活動が静止し、それでもなお意識的なら、それはヨガの境地である」ということ。

しかしマインドの活動を強制的に止めようとしてはならない。そんなことをすれば気がおかしくなってしまう。車でいうと足元のペダルは全てアクセル。ブレーキやクラッチはない。どのペダルを踏んでもマインドは加速するだけ。だがペダルを踏むことを意識しなければ思考は段々と消えていき、人は豊かで躍動に満ちた沈黙の中にいる。

Sadhana ── サーダナ

少なくとも1時間に1度は思い出そう。自分が持っているもの、ハンドバッグ、お金、人間関係、気持ちのつらさ、体のつらさなど、全ては長い時間かけて蓄積されたものだということを。あなたがこの基本的な事実をますます意識するようになると、これまで蓄積してきた「もの」と「自分」の区別を意識するプロセスが成長し、自分の周囲の全てと関わっているという深い感覚を持ちはじめる。そうすると、あなたは人間のマインドの惨めさと狂気から瞑想状態へと移行するだろう。

生命の外側から自分自身を考える

人は存在するからこそ、思考を生み出すことができる。しかし思考のプロセスはとても衝動的で、意識の焦点が、実存するものから心理的なものへとゆがめられてしまっている。「自分が存在するのは考えるから」と信じるまで変容してしまっている。実際、西洋哲学の基礎は17世紀フランスの哲学者、ルネ・デカルトの「我思う、ゆえに我あり」という有名な命題の上に成り立っている。

今こそ**「我あり、ゆえに我思う」**という基本的な事実に言い換えるべきだ。東洋哲学も西洋哲学も関係ない。単純な事実だ。

人間は存在し、同時に「考える」あるいは「考えない」を選択できる。人生において、至福やジョイ、エクスタシー、平和を感じる素晴らしい瞬間というのは、何も考えないときだ。人間はただ存在していた。思考がなくても存在する。

では思考とは一体何か？　それは集めてきて再利用している情報にすぎない。これまでマインドが蓄積してきたもの以外に人は本当にものを考えることができるのだろうか？　マインドが行っているのは古いデータの再利用だけだ。

では聞こう。あなたは「生きる存在」でいたいか。それとも「考える存在」でいたいか？　現在、人は時間の90パーセントを人生について考えることに費やしているだけで、生きることに費やしていない。あなたがこの世に生まれてきたのは人生を経験するためか、それとも人生について考えるためか？　人の思考プロセスは生命プロセスに比べれば取るに足らない。にもかかわらずマインドははるかに重要視されている。今こそ人類は生命プロセスにふたたび価値を求めるときだ。これは差し迫っている。我々の生命がかかっているのだから。

あるとき（これは作り話だが、それは関係ない。真実が嗅ぎ取れるから）。古代ギリシャの知的巨人にして近代論理学の父であるアリストテレスが浜辺を歩いていた。壮麗な夕陽が見えたが、それに拘っている時間はない。彼は存在について深刻に考えていた。知的な人間にとって存在は常に大問題で、アリストテレスはそれを解こうとしている。壮大な思考に没頭して浜辺を行きつ戻りつした。

浜辺にはもう1人男がいて何やら一生懸命にやっている。あまりに必死なのでアリストテレスでさえ彼に気づいた。自分の考えに没頭する人間は周囲の人が目に入らないのが常。存在という大きな難問を解くことに忙しすぎる。

しかしこの男はアリストテレスでさえ無視できないほど必死だった。よく観察すると、この男は取りつかれたように海の方に行っては戻ってきていた。アリストテレスは思考を中断して訊ねた。「君は何を一生懸命やってるんだね？」

男は言った。「邪魔しないでくれ。大事なことをしてるんだ」。そして異常なまでの熱心さでその仕事を続けた。

アリストテレスは好奇心を刺激された。「だから何をしてるんだ？」

男は言った。「邪魔しないでくれ。すごく大事なことだ」

「その大事なこととは何なんだ？」

男はアリストテレスに砂浜に掘った小さな穴を見せて言った。「この穴に海水を入れて海を空っぽにしているんだ」。男は片手にスプーンを握っていた。

これを見てアリストテレスは笑った。普段はニコリともしないが、このときは心から笑った。

「馬鹿馬鹿しい！　海がどんなに広いのか分かっているのか？　一体どうやってこの海をこの小さな穴の中に入れて空っぽにするんだ？　それもスプーンで。よしなさい。頭がおかしすぎる」

男はアリストテレスを見てスプーンを下に投げつけて言った。「僕の仕事はもう終わった」

アリストテレスが聞いた。「どういう意味だ？　海を空っぽにするんじゃなかったのか？　穴はまだいっぱいになってないぞ。『仕事は終わった』とはどういうことだ？」

男は立ち上がって言った。「僕はスプーンでこの穴に海水を入れて海を空っぽにしようとしている。それなのにお前はそれを『頭がおかしい』と言う。それならお前がしていることは何だ？存在がどんなに広大なのか知っているのか？　存在は1億の海以上の広さを含むんだぞ。それをお前は自分の頭の小さな穴で空っぽにしようとしているんだ。それもお前が『思考』と呼ぶスプーンを使ってだ！　諦めるんだ。全く馬鹿げている」

もう1人の男は別の偉大なギリシャ哲学者、ヘラクレイトスだった。彼は瞬時にアリストテレスにその生き方の偏りを悟らせたのだ。生命のあらゆる側面に自分の論理を当てはめようとする、その生き方の偏りを。

生命の本質を体験的に認識したければ、思考のプロセスでは不可能だ。たとえアインシュタインの頭脳をもってしても、思考プロセスでは太刀打ちできない。思考が生命の領域を超えることは決してないからだ。思考は論理的でしかなく、2極の間でしか機能しない。生命の壮大さを知りたければ、知力以上の何かが必要だ。

ここに基本的な選択がある。万物の創造（creation）とともに生きることを選ぶか、頭の中で創造物を創り出すか。

どちらを選びたいか？

地球はいつも通り自転する。素晴らしいことだ。宇宙の全ての星雲も問題なく活動している。全宇宙は問題ない。それでもくだらない不愉快な考えが頭に忍び込んできただけで、1日が台無しになる。問題は、人は現実とは関係のない心理的空間に生きているということだ。そしてそれは常に崩れる可能性があるから人は不安を感じるのだ。

宇宙の偉大な視点から自分自身を鑑みれば、ちり粒よりも小さなものだ。だが人間は、思考は「存在の本質」を明らかにできると思っている。思考など人間の中でちり粒より小さなものにすぎないというのにもかかわらずだ。人間は生き方の視点を失ってしまった。これが問題の根本である。

ブッダ（仏陀）について聞いたことはあるだろう。彼の名前はゴータマ・シッダールタ、やがてブッダとなった。しかしゴータマだけがブッダではない。知力（人生の識別的で論理的な側面）を超越した人間はブッダだ。人間は自分が苦しむ方法を数えきれないほどたくさん発明してきた。だがこの苦しみの製造工場はマインドの中にある。自分をマインドと同一視することをやめたとたん、あなたは限界のない生き方を自由に経験することができる。ブッダであるとは、自分の知力の証人になったということを意味する。

前にも書いたがヨガの本質はこれだけのことだ。自分と自分のマインドとを明確に区別すること。これが実現すれば、高い明晰性、認識力、自由が得られる。自由の誕生だ。

〈コラム〉

論理の限界

論理的な思考なしでは、この地球では生きてゆけない。だが同時に、論理の過剰もまた自殺行為だ。明日の朝起きてから100パーセント論理的に生きるとする。朝陽や、空を飛ぶ鳥、子どもたちの顔、庭に咲いている花について一切考えない。論理的なことだけを考える。さて、起き上がる、トイレにいく、歯を磨く、食事をする、働く、食事をする、働く、食事をする、睡眠をとる。翌朝もまた同じ。以後何十年と同じことをしなくてはならない。論理的に考えるだけの生き方をするなら、生きていることに意味はない。

ある日のニューヨーク。男が遅い仕事から家に帰ろうと歩いていた。突然ある考えがひらめいた。大きな赤いバラの花束を買って家に帰って妻を喜ばせよう。ドアをノックした。妻がドアを開けた。

妻は男を見つめて怒鳴りだした。「最低の1日だったわ。蛇口から水漏れして地下室は水浸し、子どもたちは食べ物を投げ合ってそれを私が全部掃除しなきゃならない。犬は病気で、母の気分は優れない。なのに、あなたったらそんなことに気づきもしない！」

100パーセント論理的に考えてしまうと、人生に希望などなくなってしまう。極度に論理だけで生きているときというのは自殺しているようなものだ。論理を使うのがふさわしいときとそうでないときをうまく使い分ければ、人生は素晴らしいものになる。

Sadhana — サーダナ

これは簡単にできるプラクティスだ。水道の蛇口を、1分間に水が5～10滴落ちるように調節する。一滴一滴の水滴を観察してみよう。水滴がどのように形づくられ、どのように地面に落ちてどう飛び散るか。これを1日15～20分行う。そうすれば、今まで意識しなかった自分の周囲と自分の内側の様々なことが、少しずつ意識できるようになってくる。

この簡単なプラクティスで感覚が研ぎ澄まされ、物事がクリアに見えるようになる。また自分が想像している以上に色々なことが達成できるようになる。この単純なプロセスは、実はダーラナと呼ばれるヨガの実践のひとつだ。ダーラナは「流れるもの」の意味。「流れる」のは水滴のことではない。流れるのは人の注意、そして意識。この試みは人の意識を流れさせて対象（ここでは水）とつなげること。これは観察、あるいは鑑賞をするための練習ではない。これは注意を払う練習だ。注意というまばらで断続的なものを連続して流れるようにする訓練だ（巨視的に見れば、すでに水とあなたはひとつのものだ。あなたが自分の個性だと思っているものは単に自分の考えにすぎない）。

ラベル付けという汚れ

知力は手術刀のようなものだ。その機能は事実を切り開き、あれとこれとは別物であると識別すること。刃物がうまく切れるようにするには、切ったものがその刃に残らないことが大切だ。切ったものが残りやすい刃は明らかに役に立たない。

ナイフを、今日はケーキを切るのに使う。明日は肉、あさっては果物に使う。切ったものが刃に残ってしまうと、ナイフはいずれ使い勝手が悪くなる。経験があるだろう。タマネギを切ったあとのナイフでマンゴーやリンゴを切れば、全てタマネギの味がしてしまう。そんなナイフは使い勝手が悪いどころか邪魔にしかならない。言い換えれば、知力が自分と「他の何か」を同一視してしまうと、その認識に縛られてしまう。そしてこの世界でのあなたの体験的認識はことごとくゆがんだものになってしまう。

あるとき。偉大な皇帝アクバルは、幼少期に生みの母親から引き離された。そこで自身も子どもを持つ女性が、乳母としてアクバルの世話をすることになった。この乳母の実の子はアクバルより少し年上だった。まだ子どもだったが、皇帝の義兄としていくつかの村を与えられた。数年が経ち、アクバルは皇帝になった。一方で頭が悪くて統治者としての資質に欠けた義兄は、浪費して与えられた全ての財産を失い貧乏になってしまった。

ある日彼が32歳のとき、素晴らしいアイディアが浮かんだ。「おいらと皇帝は同じ母親の乳を飲んで育ったのだから、皇帝とは兄弟だ。おいらが先に生まれたのだから、おいらは兄だ！」

この考えが頭の中で大きくふくらんだので、アクバルの元へ行ってこの話をした。「おいらたちは兄弟で、おいらはあんたの兄だ。でも、おいらのこの情けない状況を見てみろ。おいらは貧乏であんたは皇帝！　こんなおいらを、あんたはほっとくつもりかい？」

アクバルは深く心を動かされ、彼を宮廷に招き入れ王のように扱った。男は宮廷の流儀には慣れてなかったので様々な失態を犯した。しかし寛容なアクバルはいつも「彼は私の兄上なのだ。私たちは同じ母親の乳を飲んで育った」と周りに言い聞かせた。アクバルは皆にその男を兄として紹介した。

しばらくして、男が仕事のために村に戻るときがきた。アクバルが言った。「兄上はご自分の村を失ってしまいました。私がいくつか統治できる村を差し上げましょう。そうすれば兄様は小さな王国の王になれますから」

男は言った。「でも陛下が王様としてうまくやっているのは、周りに賢い大臣たちがたくさんいるからさ。おいらには助言をくれる人は誰もいない。だから財産を失くしてしまった。でも陛下にはバーバルがいる。あいつは賢い。バーバルみたいな者がいればおいらだって偉大な皇帝になれるのに」

心の広いアクバルは言った。「兄上が望むならバーバルを遣わせましょう」

彼はバーバルを召喚し命令を下した。「兄上の元へ行くのだ」

バーバルは言った。「陛下。兄上様には私よりもふさわしい者がよいでしょう。手前の兄はいかがでしょう？　代わりに彼を遣わせましょう」

本当はバーバルを失いたくなかったアクバルは喜んで言った。「すぐに彼を召喚しなさい」

翌日、男が新しい王国へと出発するところで宮廷では仰々しい送別の儀式が行われていた。バーバルが兄を連れてくるというので、宮廷は「バーバルの兄とはどんな人だろう」という好奇心で充満していた。

そこへバーバルが入ってきた。手には綱を持ち、牛を引いていた。

「その牛は何だ？」アクバルは訊ねた。

バーバルは答えた。「手前の兄でございます」

アクバルは激怒した。「私と兄上を侮辱するのか！」

「滅相もないです」バーバルは答えた。「この牛は手前の兄です。私も兄も同じ母親の乳を飲んできたのですから」

知力（ヨガの分類ではブッディと呼ぶ）が何かにラベル付けされてしまうと、人間はその領域でしか機能しなくなる。人間が何かにラベル付けされると、その思考、感情の全てはそのラベルそのものになってしまう。例えば「自分は男だ」というラベルを貼る。全ての思考と感情は「自分は男だ」というラベルから発生するのだ。自分を国家や宗教でラベル付けすれば思考や感情はそこから発生する。人の思考や感情がどうあれ、こういったラベル付けのほとんどは先入観だ。実際、人間のマインド自体もほとんどが先入観だ。なぜか？　それは限られた量のデータを基にして、識別的な知力が機能しているからだ。その結果として天に向かう梯子《はしご》だったはずのマインドは、無価値なものに阻まれ、地獄への階段と化してしまう。

知力の機能を取り囲むアイデンティティはアハンカーラと呼ばれる。先ほどのナイフの喩えに戻ると、ナイフを持つ手はアイデンティティ。言い換えれば、人のアイデンティティが知力を決定づける。ナイフは刃が鋭いかだけでなく、ナイフを持つ手が安定しているかということも重要だ。ナイフを持つ手が安定していなければ自分自身を切ってしまうことにもなりかねない。苦しんでいる人間のほとんどは外側の状況から苦しみを受けているのではない。外側からのダメージはほんの少しで、残りの全ては自分自身で作り出したものなのだ。

自分が自分ではないものにラベル付けされてしまうと、マインドは誰にも止めることができない特急列車と化す。マインドを全速力で走らせてからブレーキをかけても遅い。だが自分ではないものの全てから自分を解き放つことができれば、つまりラベル付けするのをやめてありのままの自分に戻れば、マインドは空っぽになる。マインドは必要なときにだけ使う。使う必要がないときはマインドは空っぽで心理的な混乱は全くない。これがマインドの本来のあるべき姿なのだ。

しかし今、人はたくさんのラベルが張り付いた状態で、マインドが走り出すのを止めようと必死になっている。これでは無理だ。

「自分を何と信じるか」にかかわらず、死を前にしたときには全てのラベルは剝がれ落ちる。人間がこれらのラベルを自発的に剝がすことができれば、人生は至福に満ちたものになる。知力にいかなるラベル（体、性、家族、資格、社会、人種、カースト、信条、コミュニティ、国家、生物としての種）も貼らなければ、人間は自然と究極の本質へと向かう。

知性を使いこなして究極の本質に到達しようとするのはニャーナ・ヨガ[*5]（知性のヨガ）と呼ばれる。ニャーナ・ヨギは自分たちを何者とも定義することができない。もし定義すれば、旅はそこで終わってしまう。ところが残念なことに、インドでは自己矛盾をかかえたニャーナ・ヨギたちが幅を利かせている。「私は普遍の魂だ、究極だ、至高の存在だ」。彼らは宇宙の成り立ちから魂の形や大きさまで何でも知っていると主張する。そのような知識を彼らは全て書物から得たのだ。これはニャーナ・ヨガではない。体験的認識で得たものではない、ただの情報には価値がない。聖なる無意味と言えなくもないが、少なくとも人を解放するものではない。反対に人を絡めとって不自由にしてしまう。

あるとき。雄牛が野原で草を食んでいた。雄牛はどんどん森の奥に入っていき、緑豊かな草を数週間食べ続け、丸々と肥えた。年をとり獲物をうまく獲ることができなくなった1匹のライオンが、このうまそうな太った雄牛を見つけ飛びかかり、殺して食べた。ライオンのお腹はいっぱいだ。大いに満足してライオンは吠えた。そこに数人のハンターが通りがかった。吠え声を聞いた彼らはライオンを追いつめて撃ち殺した。

この話の教訓。雄牛でお腹がいっぱいなときに（Full of bull＝デタラメでいっぱいなときに）口を開いてはならない。

ニャーナ・ヨガは、知力をどんなものも残らない鋭い剃刀のように研ぎ澄ます、ヨガのプロセスだ。これを100パーセント追求するために必要な知力を持つ人はほとんどいない。その追求には莫大な準備が必要で大変な時間がかかる。なぜならマインドは無数の幻想を作り出してしまう扱いにくいものだからだ。スピリチュアルの追求において、ニャーナ・ヨガを部分的に取り入れることは有効だ。しかしニャーナ・ヨガのみを追求するとすれば、実践できる人間はほとんどいない。

Sadhana ── サーダナ

1時間ほど一人でひたすら座ろう。読書、テレビ、電話、通信手段は全て遮断する。その1時間にどんな考えが頭を占めたかを振り返ってみよう。それは、食べ物、セックス、車、家具、宝石、または他のものかもしれない。何度も頭に浮かぶ対象が人やものなら、あなたの本質的なアイデンティティは肉体。考えていることが「この世界で何をしたいか」ということならあなたのアイデンティティはマインド。そのほかに頭に浮かぶ事柄は、この2つのものが合わさったもの。何を頭に思い浮かべたかを知ることで、あなたが生命の探求のどの段階にいるのか、そしてどれだけ早くスピリチュアルの進化がとげられるのかが分かるのだ。

知力を意識に浸す

ヨガの分類ではマインドには16の特質がある。16の特質は4つのカテゴリーに分けられる。1つ目はマインドの識別し理解する側面である知力（ブッディ）。2つ目はマインドの情報を集め蓄積する側面である記憶（マナス）。3つ目は知力と記憶を超えた側面、意識（チッタ）。4つ目の側面は先ほど話したアイデンティティの感覚を導き出すマインドの側面（アハンカーラ）だ。

はじめの知力（ブッディ）は生存に不可欠だ。人間は知力が働いているからこそ、人が木とは違うと識別できる。知力が働いているから、壁ではなくドアを通って向こうへ行けると分かる。人間はこの識別力なしでは生きていくことはできない。この知力はさらに複雑で洗練されたレベルで、人間の文化と文明に莫大な貢献を果たしている。

しかし現代の問題は、知力が不釣り合いに重要な役割を持ってしまっていることだ。現代の教育はマインドのこの側面を完全に偏った形で発達させてしまっている。知力の本質は分類すること。しかし人類は長い歴史の中で、全てのものをことごとく分類、識別、概念による切断をしてきた。目に見えない原子さえも。

知力は野放しにすると、目の前にある全てを切断しはじめる。そうすると、何か別のものと完全に融合することが不可能になる。知力は生存のためには素晴らしいものだが、同時に生命との一体感を感じるときの大きな障害にもなり得る。

ではどうすればよいのか？

ヨガが解決だ。ヨガはこの現代において単に心に平穏をもたらしてくれるだけのものではない。まっしぐらに自滅へと向かう私たちを引き戻すおそらく唯一の方法なのだ。

マインドの蓄積する側面、つまり記憶（マナス）の中に知力を常に浸してしまっているため、知力は人間にとって障害となってしまっている。自分自身をよく振り返ってみよう。何かを思いつくとき、マインドは全て今まで蓄積してきたデータに基づいているのが分かるはずだ。そのデータは意識的あるいは無意識に集められてきたものだ。意識的にせよ無意識にせよ、これは知力が基本的には常に過去に浸っていることを意味するのだ。したがって新しいものは何も生まれない。そして知力は本来の可能性を失って罠となってしまう。

簡単に言うとマインドの蓄積する側面は社会のくず箱にすぎない。単に人間が外側から集めてきた無数の印象の寄せ集めだ。両親、教師、友人、敵、説教師、ニュースキャスター、出会う人全てが私たちの頭に何かを吹き込んでいく。どの人から情報を受け取ってどの人からは受け取らない、という選択はできない。人間には受け取った情報を処理する能力がある。だが、ただそれだけのことだ。本来偉大な知力は、受け取ったゴミを再利用するだけのものに劣化してしまったのだ。

マインドが毎日受け取る集中砲火のような情報は、人の五感を通してのみ入ってくる。前に述べたように感覚器官は常に比較を通してのみ知覚する。比較をするときにはいつも2つの極が存在する。私が人に片手を見せるとする。手の甲が見えるときは、手の平は見えない。手の平が見えるときは、手の甲は知覚できない。感覚器官を通した知覚というのは常に断片的だ。全体像という幻影は思い描けるが、本当に全体を理解することは無理だ。

限界があり断片的になったマインドの蓄積する側面（記憶）に知力を浸し続けていると、生命についての見方は完全にゆがんでしまう。思考に走れば走るほど、ジョイからかけ離れてゆく。これは不幸なことだ。しかしはっきりさせておきたい。思考自体には何も問題はない。明晰な思考ができる人は、ジョイに満ちることができる。ところが、残念なことに多くの人は考えれば考えるほど笑顔でいられなくなる。問題は単純で、人間は識別する能力を知覚の範囲内に閉じ込めてしまっているのだ。

しかし、もし知力をマナス（記憶）ではなくマインドの別の側面、すなわち意識（チッタ）に浸すことができるなら知力は鋭敏になる。マインド活動によって究極の自分に到達したいのなら、本当の意味で知力を識別的にしなければならない。これは全てのものを、善／悪、適格／不適格、高い／低い、天国／地獄、神聖／俗悪に分断するという意味ではない。そうではなく、ここで意味するのは**本物と錯覚を見分ける、あるいは実存する真実と思い込みの真実とを見分ける**ということなのだ。

知力を意識の中に浸す。そうするとマインドの識別の側面は、人間を解放するための素晴らしい手段に変貌する。知力は剃刀の鋭さで本物を偽物から切断し、人間は生命の全く違う次元に到達することができる。

記憶やアイデンティティの袋の中にではなく、知力は意識の袋に入れるようにしよう。そうすれば知力は驚異的な道具となり、人間は楽々と究極の世界に向かうことができるのだ。

Sadhana ―― サーダナ

意識して綱渡りをするときは、注意深くならざるを得ない。さて、知力が常に善か悪かを選択し続けてしまえば、先入観だらけの知力になってしまう。そしてもし知力が世界を善か悪かに分けることにかまけてしまえば、間違いなくロープから落ちてしまう。綱渡りを文字通りに受け取ってはいけない。そのためには肉体の動作を正確なものにするのだ（ハタヨガを実践すれば最終的にそうなる）。床の上にまっすぐな線があれば、その線上をリラックスして完璧にまっすぐ歩いてみよう。これは知力を働かせるのではなく、動作の正確性に集中するためのものだ。実際に試してみよう。

意識とは真に生きるということ

ところで「意識」というとき、どういう意味で使っているのか？　何を表すのか？　どうやってそこにアクセスすることができるだろうか？

はじめに重要な区別をつけておきたい。「意識」とは「注意力」ではない。「注意力」は単にこの世界で生存するためのもので、動物も持っているものだ。自己保存のためには有用だが、自己拡大には役立たない。意識はするものではない。「意識」とはありのままの自分のことだ。意識とは真に生きるということなのだ。

現代社会は意識（チッタ）を完全に無視し、自らを危険にさらしてしまっている。チッタとは、記憶に一切汚されていない知性のこと。これはマインドの中でも最も深い次元のもので、私たちと創造の根源とを結びつけてくれる。この次元に到達すると人は非常に高い意識の状態になり、完全に正気であると同時に陶酔状態（外側からの刺激は一切なく）になれる。チッタに到達できれば、いつも至福の状態でいられるのだ。

睡眠状態、覚醒状態、死。これらは全て違うレベルの意識だ。居眠りしているときに誰かが揺り起こしたとする。はっと我に返ると全世界が瞬時に元に戻る。存在の全てを瞬時に創り直したのだ。私たちの認識から世界はひとたび消え去り、突然また現れる。

世界が存在するのかどうかをどうやって知り得るのか？　それは体験的認識によってのみだ。ほかに証明する方法はない。したがって存在を作り上げるのも消し去るのも意識だけがなし得る。これが意識というものの不思議な力だ。

意識は違うレベルに高めることができる。さらに高めていけば、全く新しい次元が開けてくる。夢にさえ描いたことのない未知の世界が、現実の世界になるのだ。

人間が眠っている最中は、意識はほとんどないので世界は存在しない。しかし眠っているときでさえ、意識が完全にないわけではない。眠っている人と死んでいる人との差はこの意識の違いだ。同じことが普通の人間と、覚醒した（悟りを開いた）人間の違いについて言える。覚醒した人間も睡眠をとるが、意識の一部を完全に眠らないようにコントロールしている。感覚器官は停止し、肉体は少し休んでいるが、そのほかは全て作動している。意識が別のレベルまで高められているからである。

意識とは一体になることの過程、つまり存在全てを包み込むプロセスだ。意識は「する」ことはできないが、適切に調整すると意識は「起こる」。意識的であろうとしてはならない。それではうまくいかない。肉体、思考、感情、エネルギーを適切に調整すれば意識は花開く。今よりはるかに生命力がみなぎってくるのだ。

自覚的に意識に到達するとき、物質性の最も捉え難く希薄な性質であるアーカーシャ[*6]に到達する。これまで見てきた通り、宇宙は五大エレメント――水、火、土、空気、エーテルのダンスだ。創造とはこの5つのただの戯れだ。エーテルはヨガで言う「アーカーシャ」のことで、全ての人間は体の周りにこの5つ目のエレメントを纏っている。ほかの4つのエレメントは体内にあるのに対し、このエーテル体、もしくはアーカーシャは肉体を包み込んでいる（通常46〜53㎝以内で）。このエレメントはまだ物質なので情報を備えている。人に大きなインパクトを与える出来事があると、それは人を包み込むアーカーシャの領域に書き込まれるのだ。

自覚的に意識に到達できるようになると、自分の周りを囲むアーカーシャにアクセスできる。

それと同時に地球の周囲のアーカーシャ、太陽系の周囲のアーカーシャ、宇宙の周囲のアーカーシャにアクセスできる。古代インド人はじめ様々な地域の人たちは、現代のテクノロジーの力を用いずに宇宙についての膨大な知識を集めてきた。これらは全てチダーカーシャの次元、つまり私たちの知性のアーカーシャの次元を通して収集されてきたのだ。

意識に到達したならば、もう何かを成し遂げようと思う必要はない。とてつもなく素晴らしいことが自分に起きるからだ。ヨガの言い伝えにこのようなものがある。「この次元に到達するとき、神はすでにその手中にある」。これからは神が私たちのために計らうのだ。これは正確にはどういう意味だろうか？　それは、自分というものを遺伝とカルマの情報の強制から距離をおけば、人生はしなやかで驚くほど楽なものになるということだ。これは知力を超越し、アイデンティティのラベルを超越し、記憶を超越し、分別を超越し、カルマを超越し、全てのものの分断を超越した次元だ。これは存在そのものの知性。人生がまさしく本来あるべき流れに沿って動き出す。この上ない、揺らぎのない平穏さで。

Sadhana ── サーダナ

もし死の瞬間も意識があるのなら、死を迎えた後も意識があるだろう。睡眠を使ってプラクティスしてみよう。睡眠とは一時的な死にほかならない。私たちは毎晩、睡眠という大きな可能性を秘めた機会を与えられている。死を超越した次元を意識する可能性だ。

今晩から実験できる。起きている状態から睡眠に入る瞬間、意識を持つようにしてみよう。これはベッドの中でできる。起きている状態から睡眠に移る最後の瞬間に意識を持てたら、睡眠中もずっと意識を持てる。

これは簡単ではないことが分かるはずだ。そこでもうひとつの提案。目覚まし時計で起きることに慣れているなら、その目覚まし音を、自分が意識的であることを思い出させるような音、メロディ、聖歌に変えてみよう。音と自分の意識を結びつけるのは難しくない。その音が、自分に意識があることを知らせてくれる（反対に目覚まし時計のアラームを眠りに入るために使うのは無理だろう）。

実のところ、自分を肉体と同一視することを完全にやめなければ、起きている状態から睡眠へ意識的に移行することは簡単ではない。目が覚めた最初の瞬間に、何かに対し意識を持てるか試してみよう。例えば自分の呼吸や肉体などだ。これは後になって眠りに入るときの実践に役立つ。

意識を持って起き、覚醒から睡眠へ移行するときに意識を持つことができるようになれば、あなたは不死になる。つまり完全に意識を保った状態で体から魂を離脱させることができる。意識を持った状態をできるだけ眠りに入る瞬間まで近づけるだけでも、肉体とマインドの機能を変え、人生の質は劇的に変化するのだ。

思考を用いない潜在的知識

ミツバチの巣を間近に見たことがあるだろうか？　最先端の工学の知識は必要ない。ミツバチの巣には学ぶことがある。ミツバチの巣は工学的に秀逸だ。想像し得る最高の居住空間である。精巧な設計と構造を持ち、ダメージに非常に強い。どんな強風の中でもミツバチの巣は木から落ちたりはしない。

ミツバチの巣は自然界の傑作だが、ハチの頭の中に設計図があるのだろうか？　そうではない。ハチが何をすればいいか正確に分かっているのは、その体内に青写真があるからだ。

スピリチュアルの知識、あるいは「潜在的知識」は常にこのように伝えられる。思想、あるいは言葉によってではなく、ハチが世代をわたり巣の作り方を伝えてきたのと同じやり方によってである。ひとたびこの「潜在的知識」を伝達、言うならば「ダウンロード」すると、知るべきことの全てが取り込まれる。パソコンにあるソフトをダウンロードする。それをどう作動させるか全て理解する必要はない。そのソフトの説明全てを読む必要もない。ひとつのキーを押すとある結果が生まれ、また別のキーを押すと別の結果が生まれる。そして突然、これまでとは違う性質の現象が起きる。

私は「知識」と「潜在的知識」を区別する。知識は本質的に蓄積された情報だ。あらゆる情報というものは、存在の物質的な側面にすぎない。一方で「潜在的知識」は生きている知性だ。あなたがいようがいまいが、「潜在的知識」自体はそこにある。あなたがその知性の中にいるか、そうでないかのどちらかだ。それが唯一の選択肢だ。

人間には生まれつき備わっている知性がある。これまでの章で見てきたように、パンを人間に変えることのできる知性だ。最高に洗練された人間という機械（脳を含める）は、この生来の知性が造り出したものだ。現在の人間は、脳の限られた部分だけを使おうとしているにすぎない。しかもそれを知性だと思い込んでいる。それは間違っている。脳という、複雑で驚異的な機械を作りだすことができる「何か」が人間の中にはある。その「何か」は脳とは全く違う機能を持つ。私は頭ではなく「全ての細胞」でものを考える。そのプロセスには私の全てが関わっているので、私が考えるときは自然で統合的なプロセスになる。意図的でない限り、私のマインドの中に思考は生まれない。

本来「あれ」と「これ」は比較はできない。「あれは、適切だ」とか「これは適切ではない」というのは人間が「思考」で判断しているだけのものだ。全てを存在させている知性は唯一無二。存在するものは全て適切なのだ。

ヨガの目的はただひとつ。人間のちっぽけな頭が知ることのできる「情報」から「知性の宇宙」へ転換すること。人間は、無限の知性よりも有限な人間の脳を選択するという悲劇的な選択をしてしまっている。

Sadhana ― サーダナ

「思考は知性だ」という考えをなくそう。原子から宇宙に至るまでの全ての創造のプロセスは知性の素晴らしい表現なのだ。今、肉体の内側に創造の根源である知性が脈打っている。万能だと思っているその自分の頭の中の知力も、自分の肉体の中のたったひとつの細胞の働きすら理解できない。この思考の罠からはるかに大きな知性へと転換するための最初の一歩は何か？　それは、次のことを認識することだ。「砂粒から山に至るまで、一滴の水から大海に至るまで、原子から宇宙に至るまでの、生命のありとあらゆる側面は、自分のちっぽけな知力よりもはるかに偉大な知性の表現なのだ」。この一歩を踏み出せば、生命はこれまで経験したことがないほどあなたに語りかけてくるはずだ。

信じることvs探し求めること

あるとき。2人のアイルランド人[*7]の男がロンドンの売春宿の前で働いていた。2人はプロテスタント教徒の大臣がやってくるのを見た。大臣は襟を立て、頭をかがめて売春宿の中に静かに忍び込んだ。

2人は互いに目を合わせて肩をすくめた。「見てみな。プロテスタントなんてこんなもんだよ」

2人は仕事を続けた。しばらくしてラビ*8がやってきた。顔が隠れるほど深く首にマフラーを巻いていた。彼もこそこそと売春宿に入った。2人は深く胸を痛めて悲しそうに頭を振った。「ひどい時代になった。宗教指導者が売春宿にいくなんて！」

またしばらくして近所のカトリックの司教がやってきた。左右を見渡して体にきつくマントを纏って売春宿に忍び込んだ。

男の1人がもう1人に向かって言った。「きっと売春婦の誰かが死にそうなんだよ」

人は何かに強く影響されると、本質（生命）を見極める能力を失ってしまう。「善」と「悪」、「正しい」か「正しくない」かは自分の頭で作り上げたもの。生命はそのようなものと無関係だ。100年前は道徳的だったことが、現代では容認できないとみなされる。大人が良いと思うものを子どもたちは軽蔑する。人間の善悪の概念は、ある基準に基づいた先入観にすぎない。道徳という限界のある考え方に影響されると、人は完全に捩《よじ》れてしまう。知力はその考え方の影響下でしか機能せず、世界をありのままの姿で理解することはできなくなる。スピリチュアルに生きようと思うなら、徳や不道徳という凝り固まった考え方を捨てる必要がある。そして生命をありのままの姿でとらえるようにすることだ。

現代の大きな問題のひとつは、人間は幼少のときからマインドに道徳という杓子定規の考え方が吹き込まれてしまっていることだ。人は何かを良いと思うと、自然とその影響を受ける。悪いと思うとそれを嫌う。この好きと嫌いの力が、ラベル付けの元凶だ。マインドには、嫌いなものが支配的になるという性質がある。長きにわたり、モラリストや説教家は「悪い考え」を避けることを教えてきた。これでは確実に真逆の結果を生む。「悪い考え」をしないようにすればするほど、ほかのことは頭に入らないほどしたくてたまらなくなる。

道徳は優越的であるとする考え方が元凶で、数多くの非人間的行為が見過ごされてきた。自分は道徳的だと信じている人間と共存するのは難しい。それに加えてそういう人間は、自分たちが信じる「間違ったこと」あるいは「罪深いこと」を避けて人生の大半を過ごしてきた。つまりその人たちは常に間違ったことや罪深いことばかりを考えてきたことを意味する。何かを避けるというのはそれから解放されることではない。そういう道徳性は「排他すること」に基づいている。スピリチュアリティはそれとは逆に「受け入れること」で生まれる。

人間性の本質は抑圧されゆがめられてきた。そのため秩序を持ち、正気で生きるために「道徳」という代替物が作り出された。これは私たちが人間性を活性化するために何もしてこなかった結果だ。もし人間性が活性化していれば道徳など必要なかったのだ。

道徳は、人、時代、場所、状況、そして人の都合によって異なる。しかし人間性は、歴史のどの時代、世界のどの文化においても、これまでもこれからも変わることはない。表面的には、それぞれの価値観、道徳、倫理は違う。だが人間の奥深いところにある人間性を見通せば人間はみな同じだ。

道徳を押しつけるだけなら人と関わる必要はない。一方的に命令すればいい。「善い人であれ。人には優しく語れ。怒りながら語ればひどいことになる」など。だが人間というロウソクに人間性の火をともすのであれば、人とたくさん関わる必要がある。それは自分自身を捧げることを意味する。

ほとんどの宗教が説く道徳に従順になれる人はいないので、ほとんどの人は常に罪悪感や恥、恐怖を感じながら生活している。これは悲劇的で不自由な生き方だ。人間性も社会秩序をもたらすが、外部からの強制は全く伴わない。

世界の主要な宗教が罪とするものを全てリスト化すれば、ただ生きていることでさえ罪になってしまう。生まれれば罪。月経があれば罪。性交すれば罪。ばからしい。チョコレートを食べることさえ罪になってしまう。生命の根本が罪なのだから、人間は常に罪と恐れに苛まれ続ける。人間がもし恐れと罪に苦しむことがなければ、世界中に寺院やモスク、そして教会は現在のように混雑してなかっただろう。人間がありのままでいることでジョイにあふれることができたら、浜辺で座ったり、木の葉の囁く音を聴いたりしているはずだ。宗教がそのような恐れと恥の感覚を植えつけたからこそ、人は自分の生物的機能を恥じてしまう。そして人間はまた別の「聖なる」場所とされているところで、その恥の意識を洗い流すことになるのだ。

人間は常に価値、道徳、倫理の道を踏み外そうと試みる。しかし、自然に楽しいときを過ごすとき、周りの世界に対しても自然に快くいられる。スピリチュアルとは生命から遠ざかることではない。スピリチュアルが意味するのは心の底から目一杯に生命を生きることだ。年とともに身体の敏捷性は衰えるだろう、しかしジョイを感じる力や目一杯生きる力は衰えない。その力のレベルが落ちてきているのなら、それは少しずつ死を招き入れてしまっているようなものだ。

今日、残念なことにどんな考え方もスピリチュアルとしてまかり通ってしまっている。スピリチュアルの道は常に探求すること。**「信じる」**ことと**「求める」**ことの間には大きな違いがある。「信じる」は自分が知らないことを「そうに違いない」と仮定すること。「求める」は自分が知らないことを「知らない」と認めること。この2つには柔軟性に大きな違いがある。何かを信じ込むと、生命のプロセスが硬直してしまう。この硬直性は態度の話だけではない。硬直性は人生のあらゆる側面にしみ込み、世界が抱えるたくさんの問題の原因となるのだ。人間社会は、人間の内側の本質的な理解を反映する。信念や意見に囚われずに柔軟性を持ち、先入観に囚われない新鮮な目で見ることができれば、人間社会は確実に変わる。

ヨガは私を含め無数の人に効果をもたらす素晴らしいメソッドだ。ヨガは「信念」ではなく、「人間のメカニズムに対する深い理解」に基づいた科学的なメソッドである。楽観的で薄っぺらいものでもない。その前提は単純だ。良い種は適切な環境のもとで芽がでる、というものだ。肉体とマインドの良い環境をつくるというだけの話である。ほかには何もない。そこには教えも道徳も難しい哲学もない。そして人間性がひとたび呼び覚まされたなら、素晴らしい人間になれるのだ。

世の中でネガティブだと思われているものは、実際は全て「限界」が作り出したものだ。人間は自分自身にラベルを貼ってしまっている。その結果「自分」か「自分以外」かという対立が生み出される。あらゆる犯罪やネガティブなものは、この区別や分離から生まれた。無限への追求が、全てのネガティブに向かう力に抗う確かな力となる。今、種としての人間は生命を制限するのではなく、生命を解放するべきなのだ。「限界」から「解放」へ。それが道だ。

願いの木（ウィッシング・ツリー）

マインドには5つの状態がある。活発でない状態、つまりマインドが少しも活動してない状態。これは基本的な状態だ。エネルギーを与えるとマインドは少し活発になるが、散発的で落ち着きがなくなる。さらにエネルギーを加えると散発的ではなくなって振動を始める。もっとエネルギーを加えると、ある1点に向かいはじめる。さらにもっとエネルギーを加えると、意識的になる。マインドが意識的になったとき、それは魔法か奇跡のようにはたらき、超越への架け橋になる。

マインドが活発でないことは問題ではない。単純な者にはトラブルも起きない。そういう人間はよく食べよく寝る。考えすぎる人間だけが適切に食べたり寝ることができない。単純な人は世間で俗に「インテリ」と呼ばれている人たちと比べると、身体的機能がはるかに良い。単純な人は平和だ。なぜなら諸々の騒動や混乱を引き起こすのは知力だからだ。

エネルギーを注入するとマインドは活発になるが、大抵の人はマインドが散発的になって落ち着きがなくなる。スピリチュアル・プロセスを始めると、適切な環境下にないかぎり、人によっては自分でも扱いきれないほどマインドが活発になるのを経験する。エネルギーを注入してマインドが活発になるのを経験した人は、攪乱《かくらん》されてしまったのかと思うかもしれない。人は新しいものを恐れる傾向がある。人々の中で広範囲に及ぶ疑心暗鬼だ。だが実際は、マインドが活発でないレベルから活発なレベルに移行しただけだ。

落ち着きのない状態の人がスピリチュアル・プラクティスを始めると、あちこちに散発していたマインドがまとまりだして、今度はそれが周期的な振動を始める。ある日はこちら、またある日は別のどこかへ。それでも常にマインドが不規則に動き回っている散発した状態に比べれば大きな進歩だ。

振動しているマインドにさらにエネルギーを加えると、ゆっくりと集中（ヨガで言う『1点に向かう』）しはじめる。これはひとつ前の状態よりさらに良い。だが最高の状態はマインドが**意識的になる**ことだ。究極の機械は、パソコンでも車でも宇宙船でもなく、人間のマインドだ。ただしそれはそのマインドを意識的に使うことができればの話だ。ある人がいとも簡単に成功を収め、別の人にはそれが難しいのはなぜか。成功する人は自分が求める方向にマインドを働かせ、成功できない人は自分の目的に反する方向にマインドを働かせてしまう。

揺るぎのないマインドは、カルパヴリクシャ（ウィッシング・ツリー…どんな願いも叶える願いの木）と呼ばれる。そのようなマインドの持ち主は願いを全て実現できる。マインドを狂気の源にする代わりに、マインドが願いの木になるまで開発すればよいのだ。ヨガでは思い描いた通りにものごとを実現させるマインドを「マインドがサミュクティの状態だ」と表現する。心の静謐さから生まれる成熟した段階だ。

思考が整理されると感情もまた整理される。そうするとそれぞれのエネルギーと肉体は少しずつ同じ方向を向くようになる。思考、感情、肉体、エネルギーはどの順番で対応すればよいかは、どのシステムの準備が整っているかによる。今日の現実を考慮すると、ほとんどの人は最初に理論的に納得しない限り、どのシステムの準備もできない。思考、感情、肉体、エネルギーがひとつの方向に向かえば、人は信じられないほど思い通りにものごとを実現する力を発揮できる。

現代の科学は、存在する全てのものはエネルギーの反響であり、絶え間ない振動にすぎないということを証明しはじめている。思考もまた反響である。強力な思考を生み出して外側へ放てば、それは常に形になる。これを実現するには、ネガティブで自滅的な考えで自分の思考を妨害したり弱めたりしないことが重要だ。

人間は信念によってネガティブな考えを拭い去ろうとする。しかし考えることを始めると、疑問は常に表面化してくる。そのようなマインドでは、たとえ神が今ここに現れても平伏しないだろう。その代わりにその神が本物かどうか取り調べを始めてしまうのだ。

信念に代わるのが**コミットメント**[*9]だ。自分が心から望むことに対して責任を持って取り組むと、何にも妨げられることなく思考は構築されていく。思考は自分の望みに向かってよどみなく流れ、望みは自然と実現する。

自分が何を本当に望むのかを考え出すには、まず自分の欲望を明確にしなくてはならない。それは本当に自分が求めているものなのか？　慎重に考えてみよう。「これだ」と思ったことがこれまでに何度あっただろうか。「これだ」と思ったものに行き着いた瞬間、それが全く自分が思っていたものではないことに気づく。まずは自分が本当に求めるのは何かを探求すること。それが明確になったらそれを形にすることにコミットし、思考の連続的なプロセスをその方向に作り上げるのだ。方向がぶれない安定した思考の流れを保てば、それは現実となって結実する。

前に述べたが、チッタと呼ばれる記憶に汚されていない、別の次元の知性に到達するためのヨガのプロセスがある。チッタの力を認識することをチット・シャクティと呼ぶ。これは自分の内側にある創造の根源に到達するためのシンプルだが効果的なプロセスだ。

「頭vs心」の神話

人はよくこう言う。「頭はこう考えるのに、心は違うように感じる」。しかしヨガの基本はこうだ。人は「1人の人間、ひとつの存在、ひとつの統合したもの」だ。頭と心は別々のものではない。人は全体でひとつなのだ。

頭や心と言うとき、それは何を意味するのか考えてみよう。あなたは思考が頭、感情が心を分担するものだと思っている。しかしこれを注意深くみると考え方は感じ方なのだということに気づく。だが感じ方が考え方であることもまた本当だ。だからヨガにおいて思考と感情はどちらも同じマノーマヤ・コーシャのひとつ、つまりマインド体であると認識する。

一般的に「マインド」として人が考えているのは思考プロセス、または知力である。しかし実のところマインドにはいくつかの側面がある。ひとつは論理的な側面。もうひとつはより深い感情的な側面。すでに知っているように知力（思考プロセス）はブッディと呼ばれる。マインドのより深い部分は一般的には「心」として知られる。だがヨガではマインドのより深い感情的な部分はマナスとして知られる。マナスとは記憶の複雑な集合体で、感情を特定の型にはめる。したがって感じ方と考え方は両方ともマインドの活動なのだ。

極めて単純な話だ。もし私があなたを素晴らしい人だと思ったら、あなたに好意を抱く。もしあなたをひどい人だと思ったら、あなたに悪感情を持つ。あなたを敵だと思うと、あなたを愛するのは実に難しい。人生のシンプルな側面を難しいものにしないでおこう。

考え方は感じ方だが、経験上、思考と感情は別のものに感じられる。なぜか？　それは思考には一定の明瞭さと機敏さがあるからだ。それに比べて感情はゆっくり動く。今日誰かを素晴らしい人だと思い、その人に対して暖かい気持ちを持っていた。その人が突然自分の嫌がることをし、その人をひどい人だと思う。思考は「ひどい人だ」と思っているのに感情はすぐには変えられない。葛藤が起きる。今なにか甘い気持ちを感じているのに次の瞬間に苦いものに変わったりはしない。感情が変化するには時間がかかる。変化を起こす際のカーブ半径が大きいのだ。感情の強さによって3日か3ヶ月か、もしくは3年かかるかもしれない。しかし時が経てば向きを変える。

この頭と心の葛藤を作り出すのは不毛だ。感情は思考の甘い部分というだけのことだ。その甘さを味わうことはできるが、感情は大部分が思考にコントロールされている（私たちが認識できているかどうかは別だが）。感情は常に安定しているわけではない。感情もまた振動し、あちらこちらへと飛び回るが、思考に比べると緩やかだ。しかし変化するのに時間がかかるので思考に比べると強力だ。だから思考と感情は別ものだと思われがちである。だが思考と感情の関係はサトウキビとそこから取り出した汁のようなものなのだ。

思考は感情ほど激しくないということを、私たちは経験で知っている。例えばあなたは通常、怒りの感情ほどは激しく考えないだろう。しかしある程度激しく物事を考えると、いっぱいいっぱいに感じてしまうこともある。90パーセントの人は、強い感情しか生み出すことができない。なぜなら集中してものを考える訓練をしてこなかったからだ。だが5〜10パーセントの深い思考をする人たちは、感情を必要としないほど集中してものを考えることができる。

大切なのは自分の内側に相反する2つの極を作り出さないこと。さもないと自分の内側に内戦を起こすか精神分裂病[*10]になってしまう。思考と感情は別ものではない。一方はドライ。もう一方はうまみがある。両方を楽しめばいい。

知ることと献身すること

ヨガの世界では「シ・ヴァ」という語には2つの意味合いがある。字義通りの意味は「何もなさ」。「全ての存在は『何もなさ』から生じた」。空を見上げればたくさんの星や天体があるが、最も大きな存在は果てしない虚空だ。この「何もなさ」の中心で今まさに存在の創造が起きている。創造の根源であるこの虚空が「シ・ヴァ」と呼ばれる。

シヴァのもうひとつの側面は、偉大なヨガ科学の創始者であり最初のヨギ、アディヨギを指す。ヨガの世界では創造の基礎としてのシ・ヴァを祈ることから、最初のヨギとしてのシヴァを祈ることへと自然に移行した。こうして「シ・ヴァ」は「シヴァ」として人格化された。

これはおかしなことではない。なぜならヨガ、あるいは究極の融合が起きるとき、そこには究極の実在とそれを体験的に認識した者との間にもはや区別はないのだ。ヨガは究極の状態にいたる2つの道を示す。全てになるか無になるか。ニャーナ（知る道）、またはバクティ（献身の道）だ。

シ・ヴァ（または物質を超越した次元）を体験的に認識したいなら、2つの道がある。非物質の領域を支配する法則に従うか、またはこの次元に融け込むかだ。この2つの道は物質の領域を支配する法則から人間を解放する。山頂を経験するには、山頂まで上がるか、ただ下から見上げるかの2通りの方法がある。そうでなければ山頂を認識することはできない。知識を通して「何もなさ」と向き合うことを望むのか。それとも献身を通して、自分の限られた、硬直した人格を抹消し、好き嫌いの枠組みを超えた次元に柔軟に近づくことを望むのか。好き嫌いを超越した次元、つまりより柔軟な状態に移行するのだ。人格の基本はこの好き嫌いだ。無限、または物質的存在を超越した生命への希求が、人間の果てしない欲望の本質だ。無限とゼロは同じものの単なる陽と陰の違いである。

献身とは「好き」と「嫌い」など、概念の2極性をなくすことだ。「良い」と「悪い」はもはや存在しない。全ては良い。献身者が「神は遍在する」または「全ては神だ」というとき、本質的に「全て良い」を意味する。「神は遍在する」と信じることで神を深く受容している。この深い受容が自己を変革し自己を解放させる。バクティは全てを包み込み一体化する。ものを判別したり区別したりしない。これは存在の究極の姿でもある。

古代より献身がスピリチュアルの道で最も重要なものとみなされてきた。それは献身が最も早い道だからだ。だがそこには罠もある。「知ること」の道は献身よりも困難が伴うが、それは目が開いた道だ。それにひきかえ献身は目が閉じた道。「知ること」では一歩踏み出すごとにどっちが前なのか後なのか、自分がどこに向かっているのか理解できる。献身は解放に向かって進んでいるのか、それとも罠にはまっているのか、自分では見当もつかない。

ほとんどの人にとって感情は思考よりも強力だ。したがって献身はほかの道に比べて賛美される。だが献身の道は正しい理解と知識を伴わないと、様々な類いの妄想に向かって歩んでしまうことにもなりかねない。献身は論理が持つ2極性を超越する手段だ。だが場合によっては論理を超越するのではなく、論理を丸ごと否定してしまう可能性もある。したがって献身という流動的な状態に入る前に、論理の持つ堅固な土台の上に立つことが重要だ。

反対に、多くの人は献身は論理の領域には入れないと信じている。しかし、これは正しくない。論理とは切断の道具、つまり識別するための手段だ。もし論理がナイフのようなものなら、考えるということは何かを2つに分断するということだ。だが論理が手術刀のように鋭く研ぎ澄まされていれば、何かを切ってもそれは切れたように見えない。剣の達人が刀で木を切ると、木自身も自分が切られたことに気がつかないという。木はまだ一本のつながった木として立ったままだ。知力がこのレベルまで磨かれていれば献身は論理と問題なく両立する。

献身は美しく、喜びに満ち、恍惚を得るものでもあるが、「知ること」の明晰さがなければよどんでしまう。一方で感情がなければ、スピリチュアル・プラクティスは不毛であり、乾燥していて活気がないものになってしまうかもしれない。バクティがなければニャーナは論理の重箱の隅をつつく行為になり下がってしまう。

前に書いたように、山頂を認識したければ自分で山頂まで登るか、単に山頂を見上げるしかない。頑張って山頂にたどり着いても、それはただ山頂の傍らに立ってるだけにすぎないということを献身者は知っている。だが、もし自分が谷になれば、山全体を自分の膝元で抱えていることになる。

〈コラム〉

ヨガと陶酔

伝説によるとアディヨギは、ソーマラサという人を酔わせる月のジュースを飲んだという。彼は月光を蒸留したエッセンスを飲み、常に陶酔していたという。

ヨギは快楽を否定しない。スケールの小さな快楽で満足しないだけのことだ。ワインを飲めば楽しく興奮した気分になるだろうが、翌朝には頭痛やそれ以上の苦痛をもたらすことをヨギ達は知っている。ヨギたちはそんなレベルでは満足しない。陶酔状態を楽しむためには、完全に酔っぱらっていても完全に意識がある状態でなければならない。私はいかなる薬物も使用したことはないが、私の目を見れば私がいつもハイになっているのが分かるはずだ。私は完全に陶酔していて、かつ完全に意識がある。これはヨガの科学がもたらす快楽のひとつだ。

陶酔は最終目的ではない。この至福の状態は苦しみに対する恐れを払拭する。エクスタシーの状態では、自己保存の心配は消え失せる。この状態になることによって、ほかの人には超人のように見えたり、超人的だと思える行動をとることができる。

自己保存の不安が完全に払拭されて、はじめて人は生命を探求する気持ちになる。そうでなければ、人はただ生命を守ろうと思うだけだ。苦しみに対する恐れがなくなれば、ためらうことなくどんな状態へも飛び込んでゆける。仮に永遠の地獄行きを宣告されても、苦しみに対する恐れがないのだから平気だ。

人々が天国について語っているときにゴータマ・ブッダが言った。「天国では全てが素晴らしいと汝らは言うが、そこで私に何ができよう？　地獄へ遣わしてくれれば人を助けよう。私はどのみち苦しまないのだから」

苦しみに対する恐れがつきまとう限り、生命を深い次元まで探検しようという気持ちにはなれない。守ることが必要なのはこの肉体だけだ。自分の内側のものは何も守る必要がない。自分が今執着している考え、哲学、信念を自らすすんで手放せば、次の瞬間に人生を完全に再構築できるのだ。

愛のマントラ

では愛についてはどう考えればよいか。無条件の愛などあるのか？　2人の人間の間に無条件の愛は本当に存在するのか？　これらは私がよく受ける質問だ。

あるとき。シャンカラン・ピライが公園に行った。そこでベンチに腰掛けている美しい女性を見つけた。彼は同じベンチに座った。数分して少し近くににじり寄った。女性は少し離れた。数分待ってから彼はまた少し近くに寄った。彼女は少し離れた。彼がまたにじり寄ったとき、彼女はベンチの一番端まで離れた。彼はうんと近寄って彼女に腕をまわした。彼女は彼を押しのけた。そこで彼はひざまずき、花を摘み取って彼女に渡して言った。「これまで出会った誰よりも、あなたを愛してます」

夕陽は沈みつつある。彼の手には花。彼はとろける目で彼女を見つめていた。最高のムードだった。彼女は陥落した。自然に、これからベッドインというなりゆきになった。夜のとばりが下りてきた。シャンカラン・ピライは突然立ち上がって言った。「もう8時だ。行かなくちゃ」

彼女は言った。「何ですって？　誰よりも私のことを愛してるって言ったばかりじゃない！」

「そうだよ。誰よりも愛してる。でも妻が待ってるんだ」

一般的に人間は、快適で互いの利益になると思える枠組みの中で恋愛関係を築いてきた。人には物質的、心理的、感情的、経済的、社会的に実現したい願望がある。それを実現するのに最もいい方法は誰かにこう言うこと。「愛してる」。これはいわゆる愛の「開けゴマ」だ。唱えるだけで願いが叶う。

愛とは特性で、行為ではない。人の行為とは、ある意味で全て願望を達成するためのものだ。これを理解すれば「本当の愛」を自分のものにできる人間に成長するかもしれない。しかし便利さや快適さや幸福のために築いてきた関係を本当の愛だと信じることで、自分をだますこともできる。こうした関係に愛など全くないと私は言っているのではなく、そこには限界があると言いたいのだ。これまでにどれだけ「本物の愛」が叫ばれてきただろう。しかし現実には、期待や要求が少しでも満たされなければ、全ては崩壊する。人間が「愛」だと思っているものは、基本的に相互利益の仕組みだ。

「条件付きの愛」や「無条件の愛」というものはない。条件は条件で、愛は愛。愛について語るとき、その愛は無条件でなければならない。条件が入り込んだとたん、それは取引になる。好都合の取引かもしれないし、良い合意かもしれない。だが、それで人は満たされないし、高い次元に導かれるわけでもない。ただ好都合というだけだ。愛は好都合である必要はない（しかも、ほとんどの場合は好都合ではない）。愛は生命を伴う。あなたは、自分自身を捧げなくてはならない。

人を愛するのであれば自分として存在することはできない。英語の表現の「恋に落ちる（実際の英語表現は『愛に落ちる』…fall in love）」はその意味をよく表す。恋には登らないし、立たないし、飛ばない。恋には落ちるのだ。落ちたり、溶けたりして他のものを受け入れていくもの。

これが取引と愛の違いだ。愛は誰か特定の人との関係である必要はない。生命そのものに愛を感じることもできる。

人が何をするか、またはしないかは、置かれた環境によって変わる。人の行動は常に外部の状況に応じて決まる。しかし愛は人間の内側の状況であり、その内側は絶対に無条件だ。「行為としての愛」は、時間が経つうちに退屈になったりストレスを感じるものになりうる。そして人は、愛は「行為」ではないということに気づく。愛は「ありのままの自分」なのだ。

Sadhana —— サーダナ

愛は2人の人間の間のものでは決してない。愛とは自分の内側で起こるもので、その内側は何かのとりこになっているわけではない。次のことを15分ほど試してみよう。あなたにとって何の意味も持たないもののそばに座る。木、小石、ミミズ、あるいは昆虫でもよい。何日か続けて行う。しばらく経つとその対象物に対して、妻、夫、母親、子どもに対して感じる愛と同じ気持ちを持つはずだ。ミミズはおそらくそのことを知らない。しかしそれは問題ではない。全てのものを愛情を込めて見ると、全世界に対するあなたの体験的な認識は素晴らしいものに変わる。

献身：次元のシフト

ほとんどの人間は愛とジョイがなくなってしまわないかと恐れている。愛とジョイを使い果たしてしまわないように用心深く生きている。もし出し惜しみしすぎて、全力で愛したり笑ったりして生きることができないなら、正真正銘の（インドの言葉で言う）カンジュース（kanjoos）、つまりケチだ。献身というのはカンジュースではなく、フル・オブ・ジュースだ（Full of juice，あふれるほどの果汁とは英語で「魅力であふれている」ことを意味する）。最も思いやりのある生き方とは、限界を超越して全力で生命を生き抜き、それを全世界に示すこと。献身者とは可能な限り人生を探求し体験しようと努める人のことをいう。

献身とは生命を解体し解析することではなく、ありのまま受け入れることだ。しかし献身は愛とは違い、狂っている。愛も狂っているが、まだ正気さがある。回復もできる。だが献身に正気さはない。元には戻れない。献身者は最も甘美な人生の経験をしている。献身者たちは愚か者にさえ見えてしまうかもしれないが、彼らこそこの世界で最も素晴らしいときを過ごしているのだ。誰が愚か者かはあなたが決めればよい！

私が言う「献身」とは、信条や信仰のことではない。信仰は道徳にすぎない。何かを信じる人は「自分はほかの人間より優れている」と思い上がってしまうことが多い。何かを信じるときに、愚かさと自信が結びつくとそうなる。愚かさと自信の組み合わせは非常に危険だが、しばしば結びついてしまうものだ。世界を見渡したとき、人間は自分の知っていることなどごくわずかで、自信を持って行動することなどできないと理解する。信仰はこの自分の小ささを払拭し過大な自信を与えてくれる。だが愚かさは直してくれない。

それに対して献身は行動ではない。献身は実体のあるものを対象としていない。献身の対象は非物質的だ。献身によって自分の中の抵抗を解消し、それによって神的なものが呼吸のように楽に湧き起こってくる。神的な存在とは天国に座っている。一瞬一瞬の人生における生命力こそが神的なものだ。献身はあなたにそのことを気づかせてくれる。

あるとき。伝統的なカトリック教徒の家族の夕食でのこと。父親がやってきていつものことだが食事を見て、ぶつぶつと不平を言い、妻や周囲のものを辺り構わず罵《ののし》った。罵りが済み、皆が夕食の席に着いて、父親が席に座り食前の祈りを捧げた。「主よ。この日々の糧と食卓に用意された素晴らしいものに感謝します」

食卓に座っていた5歳の女の子がかわいい声で聞いた。「パパ、神様は私たちのお祈りを全部聞いてるの?」

すぐに父親の中のキリスト教徒が目覚めて言った。「もちろんだよ。私たちのお祈りは全て聞いていらっしゃるよ」

少し経ってまた聞いた。「神様は私たちが話した他のことも全部を聞いてるの?」

「そうだよ。神様はいつどんなときでも、私たちが話すことを聞いておられるよ」

女の子は心配そうな顔で聞いた。「じゃあ神様は悪口とお祈りと、どっちの言葉を信じるの?」

神はどちらを本当だと受け取ったのか？　神は本当に困ったに違いない。私たちは生活の中で最も繊細な部分（例えば、祈り）をシステム化し習慣化してしまうが、そのとたんにその行為は活気を失ったものになる。人は皆まるでオウムのように繰り返し言葉を発するが、そこにはもはや何も意味がない。何か言葉を発しても、そこに意味がなければ心を動かすことはできない。嘘と変わらない。それなら黙っている方がよい。

メンターや模範となる人のようになりたいと思うことがある。２０００年前に生きていた人の言葉が、胸を刺すように響くことがある。それは、その言葉や行動が真実だと体感したからだ。自分のフィルターを通さないで受け取った言葉には、何の意味もない。

献身というのは、生温いものでは決してない。臆病者に献身はできない。それは熱い。献身は身を焦がすのだ。

〈コラム〉

アッカ・マハーデーヴィ

およそ９００年前の南インドにアッカ・マハーデーヴィという女性の神秘主義者がいた。アッカはシヴァに献身していた。彼女は子どもの頃からシヴァを愛し、自分の夫と思っていた。これは単なる信仰の中でという意味ではなかった。彼女にとって、それは紛れもない現実だったのだ。

ある日、王がこの美しい女性を見て自分の妻にしようと思った。彼女は拒んだ。しかし王は譲らず彼女の両親を脅し、彼女は屈服した。

彼女は王の妻となったが、王が近づくことを拒んだ。王は彼女にせがんだが、彼女はいつも「私の夫はシヴァです」と拒絶した。そのうち王の忍耐も限界となった。激怒しながらも彼女に触れようとしたが、やはり拒まれた。「私には別の夫がいます。その名はシヴァです。私は彼と共にいるのです。あなたと一緒になることはできません」

別の夫がいると主張するので彼女は裁判にかけられた。廷内にいる全員にアッカは言った。「女王でいることは私にとって何の価値もありません。城を出ます」

全てを捨てて颯爽と立ち去ろうとするその姿を見て、必死に面目を保とうと王は言った。「お前が身につけている全ては私のものだ。宝石も着ている服も。全てここに置いてから去れ」

多くの人の面前でアッカは宝石を外し、服を脱いで裸で立ち去った。その日から彼女はどんなに説得されても服を着なかった。当時のインドでは、女性が町中で裸で歩くということは、もちろんあり得なかった。しかも彼女は若くて美しかった。彼女はその後、放浪の托鉢乞食として生き、今日まで残る優美な詩を残している。

その詩の中で彼女は語る。

人間よ
男も女も
恥を覆い隠す衣がゆるむとき
顔を赤らめよ
顔を持たない創造主が
この世界の中で溺れながら生きているというのに
どうやって謙虚になれるのだ？

世界の全てが創造主の目であり
どこもかしこも見渡しているというのに
何を覆い隠すというのだ？

現代にもアッカのような献身者はいるだろうが、彼女ほど強烈ではないだろう。アッカのような献身者たちが自分の生命を生きた力強さと情熱は、数世代にわたって人類を触発してきた。アッカは現代までインドの集合意識の中で生き続けてきた。彼女の叙情的な詩は、今日でも南インドの傑作として生き続けている。

神秘を受け入れる

未熟な知性だけが、ものごとを分析して結論に至ろうとする。成熟した知性は、分析すればするほどどんな結論からも遠ざかっていくということを理解している。

生命のどの側面についても深く考えれば、どんな結論もますます遠ざかる。生命について考えれば考えるほど、それは永遠に解けない謎になる。答えに到達することができないのは、その答えが自分自身だからだ。原子、砂粒、小石、微生物、大型動物まで、あらゆる生命体は理解不能だということが認識できれば、あらゆるものに敬意を表するようになる。ここに座り呼吸する。そうすればどんな分析をするよりも、生命について本当の意味で理解できるようになる。

物質的な世界から真実に到達しようとして、人間は全てを分断して掘り下げるようになった。ついには粒子科学という極小の科学に突入した。プロトンに始まり、ニュートロン、電子、ニュートリノ、ボース粒子、超対称性粒子、とますます深まっていく。だがこれらはまだ物質の領域内のもの。宇宙は物質よりも多くの暗黒物質で構成されていると言われている。暗黒物質は原子ではなく、その正体は不明だ。分断し続けることで人類は真実に到達する日はくるのだろうか？

コップに入った水を見てみよう。その何が理解できているだろう？　なぜ水素と酸素が結合して水になるのか？　小石を一生懸命観察してみよう。なぜその形、大きさ、触感なのか？　自分について考えてみよう。なぜ自分は自分なのか？　多くの人はこう答えるかもしれない。「父と母が……だから自分がここにいる」。それなら自分らしさはどうして生まれた？　この形、この体、この個性の基になっているのは何なのか？

インドでは伝統的にこう言われてきた。人は出会ったもの全てに頭を垂れるべきであると。それが木であれ、牛であれ、ヘビであれ、雲であれ、ただ頭を垂れる。全てのものに頭を垂れるのは、愚か者だからかもしれないし、生命の深遠さを最大限に理解しているからかもしれない。愚者と覚者の違いはわずかだ。両者は似て見えるが、実際は全く違う。愚者には結論を出す能力がない。神秘主義者は結論を出したがらない。残りの多数の人間は無理に出した結論を知識として賞賛する。愚者は理解できる範囲の小さな世界を楽しみ、生命の深さを最大限に理解する者はその究極の世界を満喫する。残りの多数の人間は常にもがき苦しむだけである。

ある朝、男が上司に言った。「聞いてください。大企業が私をヘッドハンティングしようとしています。私を昇給させた方がいいんじゃないですか？」

上司が言った。「なに？　どこの会社がお前なぞ欲しがる？」

彼は答えた。「電力会社と電話会社とガス会社が、僕に今すぐ来てほしいと必死なんです」

生命に対して結論を出さないと気が済まない、いわゆる賢いとされる人たちには、いつもこのようなオチがある。このような人間はいつも何かを追いかけるのに忙しくしているのだ。愚者はここに静かに座っていられる。神秘主義者もここに静かに座っていられる。残りの多数の人間にはそれができない。

献身は、道を妨げるもの全てを融解させるメソッドだ。モンキー・マインド（英語で木から木へ飛び回る猿のように落ち着きのないマインドのこと）を鎮めようと葛藤しているのなら献身すればよい。そうすればモンキー・マインドはただ消えてなくなる。

頭を垂れて全てのものを自分よりも高いものだと認識するのは、自尊心を保つには良くないと思うかもしれない。しかし献身者になるということは、人の言いなりになる弱い人間になるということではない。曲がることを知るものは壊れない（だから毎朝ハタヨガをすることをすすめる。そうすれば体は壊れなくなる）。このことは人間の内側の全てに対して言える。

残念なことに最近では、いわゆるスピリチュアル・リーダーを自称する人が自尊心（self-esteem…「自己」と「評価」）について語っている。「自己」と「評価」はどちらにも問題がある。どちらも非常に限られているもので、壊れやすく不安定だからだ。自分を評価しないのはとても良いことだ。もし自分に「自己」がなければさらに素晴らしい。

Sadhana ― サーダナ

自分よりはるかに大きい何かを体験的に認識したとき、自然に頭が垂れてくる。献身者になりたければ、目が覚めている間、少なくとも1時間に1回は両手を合わせて何かに対して頭を下げよう。対象は人でもモノでもよい。対象を選ばないこと。見たものが木、山、犬、猫、それが何であれ頭を下げる。1日を通して1時間に1回実践する。その後、1分に1回できるか試してみよう。1分に1回の頻度なら、両手も体の動作も必要ない。ただ心の中ですればいい。このプラクティスをすっかり自分のものにできたとき、あなたは献身者になる。

たとえ一生かかっても、葉っぱ、象、アリ、原子を完全に理解することはできない。DNAの分子の理解もできない。理解できない全てのことは、自分の存在よりも高い究極の知性なのだ。これを理解したら、本当に理解したのなら、あなたは献身者だ。

献身者とは、その献身の対象そのものに自らすすんで融解して一体になる人間のことだ。生命に献身する者は生命と一体になれる。生命プロセスの外側に立っていてはいけない。献身者になれ。融解するのだ。

＊1　マントラ　ここでは呪文の意味。

＊2　ガンガー川　ガンジス川のこと。

＊3　ニューロンが発火　神経細胞の膜電位の急激な変化のこと。脳神経細胞は情報を伝達するために上流の神経細胞から下流の神経細胞へ神経インパルスを発火させる。

＊4　マーヤー　インド哲学で「人を幻惑させる力」という意味。幻影。

＊5　ニャーナ・ヨガ　「ニャーナ」のスペルは「Gnana」だが「ニャーナ」と発音。一般にはJnana（ジュニャーナ）と呼ばれることが多い。

＊6　アーカーシャ　「虚空」「空間」「天空」を意味する。しばしば「エーテル」とも同一視される。

＊7　アイルランド人　アイルランド国民の大多数がカトリック教徒。

＊8　ラビ　ユダヤ教の指導者。

＊9　コミットメント　責任を持って関わること。責任を伴う約束。

＊10　精神分裂病　古い呼び方。現在は統合失調症と呼ばれる。

エネルギー

プラーナの道をたどる

人間は現在、様々な解釈を通して肉体とマインドを自分自身と同一視している。だが人が「自分自身」と呼んでいるものは、一定量のエネルギーのことだ。現代の科学では次のことが証明された。驚くほどたくさんの、異なるかたちで顕われている全ての存在は同じエネルギーでできている。アインシュタインの $E = mc^2$ の関係式は簡潔に言うと「宇宙の全てのものはひとつのエネルギーと見なすことができる」ということ。世界中の様々な宗教が「神は遍在する」というのと、いくぶん違う言い方ではあるが同じことを示した。

現代の科学は数学的な推論によって結論を出してきた。宗教は信仰によって結論を出してきた。**しかしヨギは、推論や信仰だけでは満足できない頑固者だ。**ヨギは知覚の向上を通して究極を追求してきた。結果としてヨガの伝統では神について語らないが、同時に神の存在を否定もしない。

拡大したいという人間の欲求とは、本当は究極の知性が表出したものだ。それは「私たちを私たちたらしめるもの」の根源である。しかし人間は切望の根源を探し求める代わりに、外側の世界にその表現を求めた。人間の五感は外側にしか向かない性質があるので「外側の表現が自分たちを満たしてくれる」と勘違いする。その表現が真の目的であるという誤解が、自由の代わりに混乱をもたらしてしまった。

人間一人一人が持つ生命エネルギーの目的はただひとつ。「無限」に到達すること。無限こそが人間を人間たらしめる核なのだ。ほかの目的はない。一方で、マインドはお金を増やすことや新しく家を購入することを考えているかもしれないし、肉体は食べ物や睡眠を欲しているかもしれない。だが生命エネルギーは常に、肉体とマインドが作り上げた限界を超越することを希求している。多くの人は生きていく中で、生命エネルギーの道筋を追うことを徐々にやめてしまう。その結果、自分はどんなものからも独立した自立的な存在だと信じるようになる。

だがこの「独立している」というのは思い込みだ。肉体もマインドも、その中身はどちらも外側から集めてきたものだ。集めてきたものは集めた人に属するが、その人自身ではない。肉体が向かう方向へ自分も向かおうとするなら、それは死に向かって直進しているのにすぎないことを理解するべきだ。同様に自分がマインドだと思い込んでいるものは、自分がこれまで集めてきたものが散乱した集合体にすぎない。そんなものをベースにしたマインドでは、人間が本当に目指すべき目標を定めることができないのは当然だ。今は何も問題がないと思うかもしれない。だが大抵の場合、マインドは人間を生命のプロセスから完全に遠ざけてしまう。マインドが向かう方向に自分も向かって行くということは、思考だけででっち上げたものを追いかけているということだ。これをしっかり理解しなければならない。思考だけででっち上げたものは、ある程度は魅力的かもしれない。しかし、それでは究極の目的にたどり着くことは無理だ。

　ヨガのプロセス全体の目的はこうだ。無限に拡大したいという生命の自然な切望と自分を同調させること。ヨガはこの基本的な人間の欲求に意識的な表現を与えた。ヨガの科学における様々なスピリチュアル・プラクティスは、この切望を実現するために3つの段階で手助けする。肉体、マインド、そして3つ目の人間のメカニズムの鞘、プラーナマヤ・コーシャ（エネルギー体）だ。

　ヨガとは、マインドのプロセスや肉体のプロセスが自分自身の基礎ではなく、**自分が集めて作り上げたものであること**を明確に体験することなのだ。肉体とマインドを意識的に扱えるようになれば、人生の体験は100パーセント自分自身で作り出せる。**必要なのは「自分」と「外部から蓄積した全てのもの」との間に距離を作ることだけでよい。**

　これまで集めてきたものは、自分にどこまでもついてまわる。集めてきたものは深く根を下ろし、今度は自分がその集めてきたものに無意識に愛着を覚える。人間はその集めてきたものを、いつ地面に下ろしていつ背負えばよいのかが分からず、厄介なものと感じるようになる。肩の上にずっと乗せたままの袋のようなものだ。

　だが、その袋を下に置くことはできる。集めてきたものはまだついてまわる。しかし、少なくとももう重荷にはならない。自分と自分が外側から集めてきたものとを区別することは必ずできる。それを使おうと思うときには使えばよいが、それを自分自身だと思う必要はない。この区別が持続できなければ、生きる上での認識の全てが曇ってしまう。全ての自分の考え、信念、感情を含めた記憶と想像力は心の領域なのだ。**心で作り上げたものと実在するものとをはっきり区別**

できれば、人は生命を味わい超越できるのだ。

スピリチュアルのプロセスとは生命に還ること。生命エネルギーの深い知性に従うことだ。生命エネルギーが向かおうとする方向を感知する方法はたくさんある。肉体とマインドのプロセスを自分と同一視しなければ、それは明確に分かる。意識を持って生命エネルギーが向かう方向に自分も向かうことで、経験したことのない心の静謐さと調和が得られる。そのような安定した状態になってはじめて、人は恐れることなく生命のほとばしりの中を探求し、生命の最も深遠な謎に挑む気になる。

〈コラム〉

苦しみのない痛み

私がオートバイに明け暮れていた青年時代は、インド中を走り回った。あるとき人里離れた場所で事故を起こし、ふくらはぎの筋肉が骨まで切れてしまった。地元の診療所に行って足の治療を頼んだ。医者は傷をじっくり診察してから、麻酔をする設備がないので手の施しようがないと言った。そしてすすめられたのは、すぐに大病院へ行って治療してもらうことだった。私は「予定があって旅を続けなくてはいけないので時間がない」と言った。「だからどうしてもここで治療してほしい」と。医者は断った。出血は大量だった。こんなやりとりの間も私の足下に血がたまりはじめ、とうとう医者は折れた。そこで麻酔なしで医者は私の筋肉の3カ所に計52針もの縫合をした。治療の間中、私は医者と話をしていた。その間、医者はずっと汗をかいて息を切らせていた。縫合が終わると医者は信じられない面持ちで私に聞いた。「足は痛くないのか?」

痛みはあった。激しくて耐えられないものだった。だが痛みは自然現象であり、痛むことは良いことだ。痛みがなければ、たとえ足が切断されてもそれに気づかない。しかし苦しむというのは、別の種類のものだ。「痛み」だけで十分つらい。なぜそれを「苦しみ」でさらにつらいものにする必要があるのだろうか? 「苦しみ」は1から10まで自分が作り上げるもの。苦しむか苦しまないか。利口な者でなくても後者を選ぶのが自然だ。

カルマの難問

あるとき。シャンカラン・ピライはバーで仲間と飲んでいた。時計が8時を知らせた。グラスを置いて立ち上がり、バーのドアに向かって歩き出した。

友人が言った。「どこへ行くんだ? まだ飲み終わってないじゃないか」。しかし彼は心ここにあらずといった状態でゾンビのように外に向かった。

友人たちは笑って言った。「なるほど。8時だから家に帰らなくちゃいけない。奥さんが怖いんだろう。お前は臆病なネズミか？」

彼は立ち止まり、振り返って言った。「僕は家の大黒柱だ。僕のことを恐れるのはカミさんの方さ！」

彼はゆっくりと家に向かって歩いた。妻が作ったルールでは、夜8時までに帰らなくてはいけない。酔いがまわっていたので、帰りは遅くなった。妻はのし棒を片手に玄関先に座っていた。そして不機嫌な顔で言った。「この馬鹿、また飲んできたの？　痛い目に遭わせてやるよ」

シャンカラン・ピライは体は小さいが、すばしっこかった。ゆっくり妻に向かって歩き、突然彼女を飛び越えて家の中に走り込んだ。妻は立ち上がり、ドシドシと彼を追った。彼には捕まらない自信があった。散々走り回った後、寝室に飛び込んでベッドの下にもぐり込んだ。彼女もすぐ後ろについてきた。妻は体が大きかったので、ベッドの下にもぐり込むことはできなかった。「出てこい、臆病者！　あんたはネズミなの！」。妻は叫んだが、シャンカラン・ピライは安心してベッドの下に身を潜めていた。

彼は答えた。「僕はこの家の大黒柱だ。どこにいようが僕の自由だ！」

そのときシャンカラン・ピライがいられた場所はベッドの下だけだったが、彼は「それは自分の自由だ」と主張しなければならなかった。残念ながらほとんどの人間も状況は同じだ。人は自分を捉えている衝動、自分の限界に「自分が選択した」というラベルを貼っている。自由であるとは、与えられた状況の中で必要なことが自由にできるということだ。だが、「自分は好きなことしかしない」と自分に限界をつくることは、ひどく衝動的な生き方だ。この衝動はカルマ（使い古されてボロボロになった言葉だが）の罠だ。

カルマとは正確にどういう意味か？

「カルマ」は字義通りには「行動」という意味だ。行動は3通り。肉体、マインド、エネルギーの行動である。肉体、マインド、エネルギーのどの行動も、そのあとに何らかの残留物を残す。残留物は独自のパターンを形成する。そしてその形成されたパターンが自分の中に残る。マインドの中に残留物である「影響」が大量に蓄積されてくると、その影響はだんだんと人の「傾向」に形を変えるようになる。こうして人は自動のおもちゃ、パターンの奴隷、過去に操られる人形になる。

カルマは無意識の中で自分用に開発した古いソフトのようなものだ。自分がどんな行動をとるかに基づいて、自分のソフトをプログラミングしている。ひとたびソフトが開発されれば自分の全機能はそのソフトの指示通り動く。過去の情報に基づいた記憶パターンができあがり、それが繰り返される。今や生命はただのサイクル（周期）になり果てたのだ。

人生で同じパターンが何度も繰り返されるのはこうした理由だ。そのパターンには多少のバリエーションができるが、基本的には同じまま世代を超えて繰り返される。時間が経つとこの繰り返しは固定されてくる。理解してほしいのは、このパターンは外側からではなく内側から人間を支配するということである。誰かが外部の力で人を支配しているのではない。内側にいる独裁者が常に人を支配しているのだ。今日は新しい日だと思うかもしれない。環境は変わるだろうが、内側では同じことが何度も繰り返されている。したがって物事が変われば変わるほど、より同じことの繰り返しになっていく。物質的な繰り返しではなく認識のパターンができてしまう。こうして人間は手に負えないカルマの型にはまってしまうのだ。

そうなると自由という言葉はもはや意味を持たない。なぜなら生命について考え、感じ、理解したことは（そればかりか座ったり、立ったり、動いたりすることも）、自分の過去からの印象に条件づけられてしまっているからだ。生まれた瞬間から、両親、家族、教育、友人、どこに住んだか、どこを旅したか、これらの全てが自分に関わる全てを決定づけてしまっている。カルマは人生のあらゆる側面に暗号として組み込まれている。カルマはマインドの記憶、肉体の基本的機能、化学反応、エネルギーに強く刻み込まれている。これらは全てバックアップ・システムだ。たとえ肉体とマインドを失ってもカルマは失われない。

人が自分の個性（自分の特性や傾向）だと思っているものは、無意識のうちにこれまで蓄積してきた情報によって作られている。こうした傾向は伝統的にヴァーサナと形容される。ヴァーサナという言葉は字義通りには「におい」を意味する。ゴミ箱からどんなにおいがするかは、ゴミ箱に何が入っているかに左右される。人生においてどういう状況を引き寄せることができるかは、自分がどういうにおいを発しているかによりけりだ。

腐った魚がゴミ箱に入っている。様々な生物がそのにおいに引き寄せられる。だが、ゴミ箱に入っているのが花ならにおいは変わり、全く別の生物が引き寄せられる。

私が30年ほど前にはじめて南インドの都市、コインバトールを訪れた際、ある医者の家に泊めてもらった。その医者は家族に起きた話をしてくれた。彼らはインドの海岸地方の出身で、一番上の娘は魚が特に好きだった。彼女は魚を食べる機会のない北部の丘、デヘラードゥンの学校に通っており、休暇で家に帰るたびに毎日魚を食べたがった。彼の妻はベジタリアンだったが、娘には魚を用意した。

インドのその地方の者ならば知っている小さな干し魚がある。それはとてつもなく臭い。この魚がトラックで運ばれてくると、人はうんと離れた場所に逃げるか、トラックが走り去るまで鼻をつまみ続けたくなる。そう、その娘はこの魚を調理してもらいたかったのだ。

そこでこの干し魚を焼くことになり、家全体がこの干し魚のにおいで燻《いぶ》ったようになった。死人も飛び起きてしまうにおいだ。コックにどう料理するか指示をだそうと母親がキッチンに入った。フライパンから悪臭が漂ってきたとたん、母親は耐えられずにキッチンを走り出した。寝室にいた娘はそのにおいのする方に向かって走り出した。母親と娘は正面からぶつかり合って母親は鼻の骨が折れた。

この事件について書いたのは、何かに対する強い愛着と、何かに対する強い嫌悪がどういう結果を生むのかという例を見せたかったからだ。愛着や嫌悪が強烈だと衝突や失敗が起きることは避けられない。ヴァーサナ（傾向）は、肉体、マインド、エネルギーの活動の膨大な量の影響が蓄積して生まれる。人が個性と呼んでいるものはこうしたヴァーサナが形を変えたものにすぎない。「私はこういう人間だから」と自分の性質を理由に、何かのやり方を変えようとしない人間がいる。しかし、それは、その人の気質ではない。「こういう人間」であると頑《かたく》なに自分で思い込んでいるにすぎない。これはヴァーサナが人間を枠の中に閉じ込めてしまったからだ。これは人間が無意識のうちにプログラミングしたソフトに自分で束縛されてしまっていることにほかならない。ソフトがプログラミングされてしまうと、人生には道はたったひとつしかないように思えてしまう。あらかじめ運命が定まっているかのように。しかしスピリチュアルのプロセスとは、このソフトを書き換える意思を持つことだ。意識を持って。

カルマはインドではよく使われる言葉だ。誰かが衝動的なふるまいをしたとき「ああ、あれはカルマだ」と人はすぐに言う。それは、彼らが自分たちで作り上げた結果だということを意味する。何かを経験したときに「つらい」とか「気持ちよい」と感じるのは、その出来事そのものに「つらさ」や「気持ちよさ」があるからではない。人がそれをどう受け取りどう反応したかがそう感じさせる。誰かにとってとてもつらい経験が別の誰かにとってはありがたい経験かもしれない。

あるとき。悲しみに打ちひしがれ泣きながら墓石の前に座り、自分の頭を墓石にぶつけている男がいた。「人生はなんて無意味なんだ。お前が逝ってしまった今、この身は意味をもたない屍《しかばね》だ。お前が生きていてくれさえすれば！　お前が逝ってしまわなければこの人生も全く違っただろうに！」

近くにいた聖職者がたまたまこれを聞いて言った。「ここで眠っている方はあなたにとってかけがえのない人だったのでしょうね？」

「かけがえのない？　もちろんです」。泣いていた男はさらに激しく泣いた。「この人は妻の元夫だったんです！」

クォリティ・オブ・ライフ（人生の質）は、自分が人生をどう認識するかで決まるものであり、人生そのものが自分に何を提供してくれるかという問題ではない。

カルマはネガティブな言葉ではないということを覚えておいてもらいたい。カルマは人の生活を安定させ形作ってくれるものだ。人間に影響を与えるものが五感を通して瞬間瞬間に体内に流れ込み、その記録が残されていく。この蓄積した情報には何も問題はない。この情報は生存する上でとても役に立つ。もしこの情報を全て消去したら、生きる上で最も基本的なことさえできなくなってしまう。スピリチュアルのプロセスは、影響、つまりカルマの倉庫を破壊するものではなく、カルマの存在をより意識し、カルマの外側からものごとを判断できるようにするものだ。

したがってソフトそのものは問題ではない。生きていく中でそれが支配的になってしまうことが問題なのだ。良いカルマと悪いカルマについて語るのは、良い束縛と悪い束縛について語るようなもの。そのようなものはあり得ない。カルマは自分が作り上げたもの。良いものでも悪いものでもない。ソフトウェアは、あなたがそれに支配されてなければとても便利なものになり得るのだ。スピリチュアル・プロセスが目指すものの全てはここだ。人を支配するカルマの力を緩めること。過去のカルマの特質が何であれ、人間は現在のカルマをコントロールするのに十分な意識を持っているのだ。

どのような形にしろ、自分の人生を変化させたい、前進させたいと思うならカルマのサイクルのパターンを壊さないといけない。周期的なものは常に動いてはいるが、どこへも向かわない。自分では全てが思い通りに進んでいるように見えるかもしれない。仕事は順調、資本は増え、家族は栄えているかもしれない。だが実際には自分はどこにも進んでいない。生命に対する受容性が高ければ、若いうちにそれに気がつく。受容性がさほど高くなければ、歳を重ねてからそれに気がつく。若くして成功した人ほど、早い段階でこのことに気づく。まだ何かに不足を感じているると、夢が実現しさえすれば全てがうまくいくと思い続けてしまう。だが若くして夢が全て実現してしまうと、人生はそれでも満たされず、渇望が残ったままであることに気づくのだ。

このサイクルを破壊してしまわない限り、人生に本当の選択はない。ときには何かを突破したように感じることはあるだろう。それを感じたあと3日くらいは様々なことが変化し、良くなったように感じられる。だが4日目には元のマンネリの型にはまったように感じてしまう。こんなことを何度も経験していないだろうか？　それはカルマに囚われている間は、思考、感情、行動、そして何よりも認識する自由がないからだ。

それと同時に、カルマを避けることも解決にはならない。カルマを避けることは、日々の生活にバランスと安定を提供してくれるかもしれない。しかし生命とジョイは少しずつ蝕《むしば》まれてしまう。この避ける行動自体が、ネガティブなカルマそのものだ。生きることを否定したり抑圧したり避けたりすれば、自由になるどころか拘束されてしまう。「カルマなどいらない」と思うこと自体が大きなカルマなのだ。

生きるプロセスそのものがカルマを解消する。生の瞬間瞬間を全力で生きれば、とてつもない量のカルマを解消できる。目の前にあることを体験的に認識し、生命を支える呼吸のひとつひとつを最大限に認識、経験し、それでいて思考と感情、心理的葛藤に惑わされることがなければ、生と死のプロセスそのものからも解放される。より生き生きとするだけではない。人間は生命そのものになるのだ。

ヨガはカルマから距離をとる方法を授けるだけでなく、カルマの根源（ものを識別する知力）から離れて客観視する方法をも伝授する。生きている一瞬一瞬に、人生の犠牲者になるのか、観客でいるのか、それとも自らの人生を切り開く者となるのか、その選択をヨガは提供してくれる。努力と実践を通して、ジョイに満ち幸福になるためのソフトウェアをプログラミングできるのだ。

Sadhana ── サーダナ

物質的な成功とは、それを手に入れられなかった者との比較の上に成り立っているだけだ。ただ他者が持っていない、というところから生じる喜びなのだ。これを本当に喜びと呼べるだろうか？　これはある種の病気ではないか？　今こそこの問いに向き合うときだ。もし地球上にあなた1人しか存在しないなら、あなたは一体何を求めるだろうか？　これを自問し、自分の考えがどこへ向かうか見てみよう。

次のことを実践してみよう。5分間1人で座ってみる、そしてこの世界にあなた1人しか存在しなかったら人生はどんなふうになるか想像する。自分と比較する対象の人間やものがないとき、何を本当に切望するのか？　外側からの賞賛や批判がないときに、本当に大切なものとは何か？　これを毎日行えば、あなた自身である生命が切望するものに同調することができるようになる。自分だと思い込んでいる、蓄積されたカルマの混乱状態に同調するのではなく。

生命の力学

基本的にクリヤとは「内的活動」という意味だ。内的活動は肉体、マインド、エネルギーの物質的側面のどれにも関わっていない。前に説明したように、肉体もマインドも自分のものでありながら外側から集めてきたものだ。肉体は食べ物の蓄積で、マインドは考えの蓄積。エネルギー体に残る痕跡も五感から得られた印象の蓄積だ。エネルギーの非物質的側面で活動することをクリヤと呼ぶ。難解に思えるだろうが、エネルギーについて精通した者が指導すれば、クリヤのプラクティスができる。

肉体、マインド、エネルギーの物質的側面を使って、人の外側にその表現を求める活動がカルマ。内側に目を向け、全ての物質的側面を超越する活動がクリヤ。カルマは人を拘束するプロセス。クリヤは人を解放するプロセス。ヨガの最も素晴らしい点は、常にエネルギーの物質的な側面を超えた活動をすることだ。４つの物質的側面の中でも、人は肉体がとる活動を最も意識する。思考の活動についてはさほど意識せず、感情の活動についてはさらに意識することはない。エネルギーの活動に至ってはほとんど意識しない。生命エネルギーの非物質的な側面で活動することを覚えると、人はその内側も外側も新しい次元の自由へと突然移行する。

生命エネルギーの非物質的な側面には、どうやってアクセスするのか？　ポーズや呼吸、マインドのあり方、エネルギーの活性化といったヨガのプラクティスは、本質的に全て体の最初の3つの層（肉体、マインド体、エネルギー体）を同調させるものだ。それらを同調させることが物質性を超越する唯一の道、つまり根源にある生命エネルギーそのものへ向かう道だ。

簡単なクリヤを始めたとたんに創造的になり、それまで不可能だと思われてきたことを成し遂げた人たちを、私はたくさん見てきた。その人たちが変化できたのはカルマの基盤を少し緩めただけのことだ。肉体、マインド、エネルギーの物質的なプロセスに絡め取られてしまう代わりに、生命エネルギーを覚醒させて変わることができたのだ。これは誰でも習得できる。

クリヤ・ヨガはスピリチュアルの道をたどる上で効果的なものだが、非常に厳しい方法でもある。肉体を完全に使いこなすことに慣れていない現代の都会の人間にとっては、クリヤ・ヨガは困難で過酷に感じられるだろう。クリヤは精巧なもので、多大な訓練、集中、正確性を必要とするからだ。ほとんどの人はこのヨガの道を歩むだけの肉体、心構え、安定した感情を持ち合わせていない。それは子どもの頃からずっと快適な状態で生きてきたからだ。肉体的な快適さに慣れていること自体は問題ではない。快適さを求め続けていることが大きな問題なのだ。このような態度や感情のあり方はクリヤ・ヨガの道にはふさわしくない。

またクリヤ・ヨガは常に「自由」を求めるタイプの人間には向いていない。「どうしてアイスを食べちゃいけない？」「どうして朝起きたいときに起きちゃいけない？」「どうして食べたいものを食べてはいけない？」「どうして飲みたいものを飲んではいけない？」「どうしてセックスをしたいときに、したい人としてはいけない？」。クリヤ・ヨガをするのであれば肉体的、心理的、感情的なプロセスの全てに基本的な抑制が必要となる。意識を最高点に到達させたいのであれば、このような抑制は不可欠だ。エベレストに登る前夜に、朝まで酒を飲むわけにはいかない。それと同じことだ。

クリヤ・ヨガの計画書をもらったら、それを守らなければならない。なぜこうした抑制が必要なのかは実践するうちに分かってくるだろうが、1から10まで説明することはできない。もし説明してしまえば、クリヤの本質は失われてしまう。クリヤは論理を超越するための、そしてスピリチュアルあるいは神秘と思われている非物質的な側面に到達するための手段だからだ。

もし私がクリヤをただのプラクティスとして教えようと思ったら、暗記して学べる本を書けばよい。しかし生きたプロセスとしてのクリヤを伝授するには、そして人間のシステムに刻み込むには、然るべき抑制、努力、受容性が必要だ。全く新しい土地を歩き回るときにガイドを信頼できなければ、その旅は不必要に長くて困難なものになる。

クリヤを伝授するとき、ほとんどのグルは普通は弟子を待たせる。伝統的には、弟子がクリヤを習いにグルの元へ行くと、1年は床拭き、次の1年は皿洗いを命じられる。それでも弟子のグルに対する信頼が揺るがなければ、グルは弟子にクリヤを授けようと思う。これには理由がある。ひとたび人に常識を凌駕《りょうが》した精力的な人間になる方法を授けたとき、それにふさわしい態度や感情が伴わなければ、それは本人にとって有害になりかねないのだ。しかし現在、そのような時間を人々と共有し、そのような信頼を得た上でクリヤを授けるというのは困難だ。不可能ではないが機会は非常に稀である。

私はこの強力なクリヤを、21年かけて世界中の多くの人々に教えることができるよう、シャンバヴィ・マハームドラー[*1]という形にした。クリヤを授けられた人が、肉体的、心理的またはスピリチュアルな利点だけが残るように、自分や周囲の人たちに有害になり得る側面と周囲のエレメントに影響する側面を取り除いた。私はこの20年余あらゆる世間とのつながりからあえて離れた。クリヤを確実に世に広めるために、有害にならないように改良することに集中したかったからだ。

本格的なクリヤ・ヨガは、神秘の探求をする者にのみ有用だ。心身の健康や社会的成功を求めるだけならば、限られた者だけのための修行の道であるクリヤ・ヨガは不要だ。あまりにも膨大な努力が必要だからだ。

指導者なしでひたむきにクリヤの道を求めるなら、実を結ぶまでに何生涯もかかるかもしれない。クリヤのプロセスを適切に指導できる指導者を得れば、クリヤ・ヨガは内側の本質と神秘を探索するための方法としては最も効果的で素晴らしい。だが指導者がいなければクリヤ・ヨガは回り道になってしまう。この道で探求するのは、心身の健康、至福、社会的成功に留まらない。生命を創り出す力学そのもの、つまり生命のエンジニアリングをも探求する道なのだ。ゆえにとても長いプロセスになる。

クリヤ・ヨガの実践者たちは、他の人間と全く違うオーラを放っている。なぜなら、彼らはエネルギーをコントロールすることに長けているからだ。彼らは生命を解体して、それを組み立て直すことができる。例えばニャーナの道を求める者は、知力は剃刀のように鋭くなるだろうが、エネルギーを鋭敏にすることはほとんどできない。同じようにバクティの道を求める者も、エネルギーについてはほとんど何もできない（バクティではそれは問題ではない。感情の強烈なまでの快さが全てだから。献身する対象に溶解することが目的なのだ）。カルマの道を求める者は外側の世界では様々なことができるが、自分自身については何もできない。その一方でクリヤ・ヨギは内側の世界では望むこと全てができ、外側の世界でもまた大きなことを成し遂げられる。

Sadhana ― サーダナ

カルマの構造が全ての人間に与える影響は、本質的にサイクルの性質を持つ。よく観察すれば、1日のうちに同じサイクルが何度も訪れることが分かる。観察が鋭ければ40分ごとに生理学的サイクルが訪れることが分かる。これが理解できたら、注意力と認識力を使ってこのサイクルを利用することができる。そしてこのサイクルが作る人間の限界を超越できるのだ。言葉を換えると、40分ごとにあなたにはチャンスが与えられている。意識を呼び覚ますためのチャンスが。

呼吸の際、左右の鼻孔のどちらが優勢になるか、というのは40〜48分ごとに変化する。ある時間まで右の鼻孔が優勢で、次は左に変わる。これを意識しよう。少なくとも自分の何かが変わるのが分かる。この意識を拡大してゆけば、太陽と月があなたの肉体に与える影響も意識できるようになる。身体システムを月と太陽のサイクルに同調できれば、心と体は確実に健康になる。

エネルギーの迷宮

ヨガの体系は、人間のエネルギー体の緻密な分類において、包括的かつ精緻に見識を与えてくれる。ヨガはエネルギーのシステムにおいて7万2千の経路（ナーディ）を特定した。プラーナ（またはエネルギー）はこの経路を通って移動する。この7万2千の経路は3つの基本経路から派生している。右の経路はピンガラ、左はイダー、そして中央はスシュムナーとして知られる。

この3つの経路は人間のエネルギーシステムの基本だ。ピンガラは「男性性」、イダーは「女性性」を象徴する。「男性性」、「女性性」は生物学的な違いのことではなく、特定の性質をそのように定義している。その性質がこの2つの経路に代表されているのだ。

ピンガラが顕著な人なら、外交的で探検好きな性質が優勢。イダーが顕著な人なら、受容的で思慮深い性質が優勢。その人が男性か女性かということは関係ない。男性でイダーが優勢の人もいる。女性でピンガラが優勢の人もいる。

このピンガラとイダーは、太陽と月にも象徴される。太陽は男性性を表し、月は女性性を表す。太陽は積極的で外交的なタイプ、月は受容し熟考するタイプだ（月のサイクルは女性の体と深いつながりがある）。マインドのレベルでは、ピンガラは論理の側面を持つ。イダーは直感の側面を持つ。この両極性が、生命の物質的な側面における基本だ。人間はこの男性性と女性性の両方が十分に機能し、適正なバランスを保って初めて完成する。

中央のナーディのスシュムナーは生理学的に最も重要なものだが、普通は見過ごされている。7万2千のナーディからは独立しているが、全体のシステムの中心だ。現時点では、あなたは適度にバランスが取れているかもしれないが、もし外側が困難な状況になれば、かき乱されてしまうだろう。一度エネルギーがスシュムナーを通れば、内側の状況は外側の世界には影響されなくなる。なぜなら、スシュムナーは7万2千のナーディから独立しているからだ。

近頃、チャクラの話をよく耳にする。チャクラは「車輪」を意味し、ヨガの体系では特定の意味を持つ重要なものだ。最近は「チャクラのバランスを整え、障害になるものを取り除き、病気、過去、現在、未来を癒やす」と称する「ホイール・アライメント・センター」[*2]なるものが存在する。現在、多くの人がチャクラを「実践」している。ちょっとしたブームになっているが、危険なものにもなりかねない。これはとても複雑な話なので、注意深く正確に説明しなければならない。

ナーディには物理的な外観はない。体を切って中を覗いて発見できるものでもない。しかし認識力が高くなれば、エネルギーはランダムに動き回っているのではなく、特定の経路を通っていることが理解できる。

チャクラは生理学上非常に重要な中心で、ナーディ同士が特定の作用により集結し、エネルギーの渦を作り出す部分だ。ナーディと同様にチャクラもとても捉え難い性質を持ち、物質的なものではない。チャクラ（車輪）という言葉が示すような円形ではなく、実際は三角形だ。機械の作動部分が常に円形なのは、円形が最小の抵抗で動くからだ。この三角形をしたエネルギーの中心がチャクラという名を持つのは、車輪が動きや躍動感を表すからである。

人の体には１１４のチャクラがある。そのうちの２つは体の外、１１２は体の内側にある。この１１２のうち主要なチャクラは７つ。そのうち３つは常に使われていて、残りは使われていないか、たまに使われているかだ。物質的な生き方をするのなら、この１１４全てのチャクラを活性化させる必要はない。その数個を使うだけで生を全うすることはできる。もし１１４全てのチャクラを活性化させてしまえば、肉体の感覚は全くなくなるだろう。ヨガの目的はエネルギーのシステムを活性化させることだ。それによって肉体の意識を常に押し下げ、「自分は肉体の中に存在しているが、自分はもはや肉体ではない」という状態にまで持ってくるのだ。

南インドにサダーシヴァ・ブラーメンドラという名の伝説的なヨギがいた。彼はニルカーヤ（字義通りには「体がないヨギ」）だった。彼には肉体というものの感覚がなかった。そのような人物には服を着るということは思いもつかなかった。彼は裸で外を歩き回った。体というものの感覚がないので、家や財産、物質的な境界という概念もなかった。

ある日、サダーシヴァはカーヴィリ川[*3]のほとりにある王の庭園に入ってしまった。王はその庭園で数人の王女たちとくつろいで座っていた。サダーシヴァは自分が裸であることを意識することなく庭園の中をうろうろと歩き回った。王は激怒した。「厚かましくも余の女たちの前で裸で歩くこの馬鹿者は誰だ！」

王は兵隊たちにサダーシヴァを追わせた。兵隊たちはサダーシヴァ・ブラーメンドラの名を呼んで彼を追いかけたが、サダーシヴァは振り返らなかった。そして歩き続けた。1人の兵隊が怒りに任せて剣を抜いて襲いかかり、サダーシヴァの右腕を切り落とした。サダーシヴァ・ブラーメンドラは、大股で歩くその足を止めなかった。そしてそのまま歩き続けた。

これを見て兵隊たちは驚愕《きょうがく》して怯《おび》えた。この男はただものではないと気づいたのだ。王と兵隊たちは彼の後を追い、平伏して許しを乞い、彼を庭園に連れ戻した。サダーシヴァはその庭園で残りの人生を過ごし、最後はそこで肉体を脱ぎ捨てた。

ヨガの伝統にはこのような事例が無数にある。エネルギーが高まった状態では、物理的な感覚は低下し、数日間全く栄養を取らないでも平気なのだ。

身体システムにおいてチャクラの役割とは正確には何か？

主要なチャクラは7つ。肛門と陰部の間の会陰にあるムーラダーラ。陰部のやや上にあるスワーディシュターナ。へその4分の3インチ（約1・9㎝）下にあるマニプーラカ。横隔膜と肋骨が交差する下にあるアナハタ。喉のくぼみがあるところのヴィシュッディ。眉間のアジナ。そして頭頂の泉門（新生児の頭の柔らかい部分）にあるブラフマランドラとして知られるサハスラーラ。

チャクラは人のエネルギーが表出する、7つの異なった相だ。怒り、精神的苦痛、心の平穏、ジョイ、エクスタシーなど、人が内側で体験的に認識するものは生命エネルギーの異なったレベルの表出だ。エネルギーがムーラダーラで優勢な人は、食べ物と睡眠が人生にとって重要。エネルギーがスワーディシュターナで優勢な人は、快楽が人生にとって大切。つまりその人が物質的な世界を満喫していることを意味する。エネルギーがマニプーラカで優勢な人は実行の人で、この世で多くのことを成し遂げる人だ。エネルギーがアナハタで優勢な人は、とても創造的だ。エネルギーがヴィシュッディで優勢な人は、強力な存在感を持つ。エネルギーがアジナで優勢な人は、知力を自在に使うことができる。知力を自在に使えれば、外側の世界で何が起きているかにかかわらず、内側は平穏で安定している。

これらはただ集中度の違いだ。生きる上で食べ物と睡眠が大事な人に比べ、快楽を求める人は集中度が高い。快楽を求める人と比べ、何か新しいことを起こそうとする人の方が集中度が高い。アーティストやクリエイティブな人は、以上の3つのタイプの人たちと比べてより高い集中度で生命を生きている。ヴィシュッディ（喉）になると集中の度合いはまるで違い、アジナ（眉間）はさらに強い。サハスラーラに到達するというのは、自分が爆発して説明し難いエクスタシーの世界に突入することだ。外部からの刺激や理由もなく、ここではひたすらエクスタシーを感じている。エネルギーが特定のピークに達したからだ。

チャクラの高低について話すのは誤解を招きやすい。これは建物の基礎と屋根を比較するようなものだ。基礎よりも屋根が優れているわけではない。建物の品質、耐久性、安定性、安全性は屋根よりも基礎に負うところがある。例えば、物質的な肉体ではエネルギーはムーラダーラにある方が望ましい。「ムーラ」は根や源、「アーダーラ」は基礎を意味する。肉体のエンジニアリングにおいてはここが基盤だ。成長するためにはまずここを開拓しないといけない。

チャクラには物質的な側面だけでなく、スピリチュアルの側面もある。ムーラダーラを適切な意識で扱えば、食べ物と睡眠に対する衝動から完全に自由になるところまで自分を変えることができる。

これらのチャクラは2つの異なった相のどちらかに分類できる。ムーラダーラ、スワーディシュターナ、マニプーラカ、そしてこの3つに関連する他のチャクラは肉体を安定させ、どこかに定着させようとする働きがある。こうした性質は大地、自己保存と関連する。こうしたチャクラにエネルギーが集中すると、人は地に足のついた、自然と近しい性質を持つ。ヴィシュッディ、アジナ、サハスラーラの高いチャクラは、地面に引っ張られる力に抗おうとする力の中心だ。これらは無限への憧れと関連する。この力によってグレイスと呼ばれる力を受容できるようになる。

真ん中のチャクラのアナハタはこの2つが均衡するところ。これは低いチャクラから高いチャクラへ移行する部分、または生存本能から自由を希求する本能へと移行する部分といえる。これはひとつが上、もうひとつが下を指す2つの三角形が組み合わさった六芒星の形で象徴される。伝統的に多くの宗教では、この星の形が聖なるシンボルとして使われてきた。それは、こうした宗教に携わる人たちの中でも優れた者たちが、アナハタを通して人間の本性を見いだし、この三角形が組み合わさったチャクラを発見したからである。

喉のくぼみの部分に位置するヴィシュッディ・チャクラは字義通りには「フィルター」を意味する。ヴィシュッディが強力になれば自分の中に入るものを濾過《ろか》して不純なものを取り除くことができるようになる。ひとたびヴィシュッディが活性化すると、外側の世界から何ら影響を受けないほど強くなれる。インドの絵画ではアディヨギ（シヴァ）の喉を青く描写するが、それは彼が外界からの毒が体内に侵入してくるのを喉で全て濾過して防ぐことができるからだ。

エネルギーが眉間のアジナ・チャクラに移動すると、人は知力を自在に使えるようになるが、まだ本質を体験的に認識できる程度には解放されていない。8世紀インドの偉大な神秘思想家のアディ・シャンカラは、国中を隈なく歩き回って多数の学者と形而上的な議論をして論破してきた。彼の論理には誰も敵《かな》わなかった。アジナで体験した融合によって、計り知れない知的洞察力と感受性が得られたからである。

7番目のチャクラ、サハスラーラは実際は体からほんの少し離れたところにある。ほとんどの人の場合、このチャクラは活性化されていない。チャクラはスピリチュアル・プラクティス、もしくは強烈な生き方を通して活性化させることができる。サハスラーラに到達すればものごとの理解はもはや知的なものではなく経験的なものとなる。今やあなたは未解明のエクスタシーに爆発し、神秘の最深部の領域が開かれはじめる。心と体のバランスを作るために必要なスピリチュアル・プラクティスが十分でないと、エクスタシーは時としてコントロールの利かないものとなる。インドではこのようなエクスタシー状態の神秘主義者たちはアヴァドゥータと呼ばれる。彼らは通常ではない意識状態にあり、日常生活を送ることができない。そのため、周囲の人に食べさせてもらったり世話をしてもらわないと生きていけない。

どんなスピリチュアルの道も基本的に「ムーラダーラからサハスラーラへの旅」、つまりひとつの次元から次の次元への進化だと言える。ヨガのスピリチュアル・プラクティスでは、ひとつのチャクラから別のチャクラへとエネルギーを移行させる様々なやり方がある。だがアジナからサハスラーラに移行する道はない。移行するには跳躍するか、落ちるか、しかない。

これがインドのスピリチュアルの伝統で、グルが非常に重視される理由のひとつだ。アジナからサハスラーラへ跳躍するには多大な信頼が必要だ。誰かに底知れない深い穴に向かって「飛び込め」と言われたと想像してみよう。穴に向かって飛び込むには、狂人になるか、無理矢理勇気を奮い立たすか、その誰かを絶対的に信頼するかしかない。ほとんどの人にはそんな勇気はないし、死ぬかもしれない狂気じみたことはできない。ほとんどの人には自己を保存しようという力がはたらく。つまり99・9パーセントの人に必要なのは信頼だ。信頼がなければ決して跳躍はできない。

しかし跳躍したその先にあるのは、恐ろしくて暗いところではない。そこは痛みや苦しみが起こり得ないところだ。比較することや自分の置かれた環境を超越した、サイクルが一切ない全く新しい世界。至福の向こう側にある静寂の世界に、人はもはや個ではなく、あらゆるものを含む無限の存在となる。

ここに跳躍の意義がある。跳躍こそ全てだ。跳躍することで底の知れない深い穴が無限の自由に変わるのだ。

Sadhana — サーダナ

目を開けた状態で眉間から15～23㎝の場所に12～48分間集中しよう。それによってあなたのチャクラの本質や構造が分かる（実行する時間の長さと集中の度合いによる）。ここで得た感覚によってストレスの多い外側の環境によって乱れてしまったチャクラの動きを安定させることができる。これはクリヤ・ヨガのとても洗練された方法のひとつだ。これによってあなたは内側のアーカーシャ（エーテル）に近づくことができる。

〈コラム〉

地図にない道

ヨガの第6支[*4]はディヤーナ、またはディヤンと呼ばれる。この本質は肉体、マインドの枠組みの限界を超越するためのものだ。ディヤンは仏教の僧侶とともにインドから中国（中国語では「ディヤン」は「チャン」）へと渡った。このヨガは東南アジアの国々を経由して日本に渡り禅になった。そして教義に頼らず直接の洞察を重視する様式になった。禅は経典や本、規則、厳格なプラクティスを用いないスピリチュアルの道、すなわち地図にない道だ。

現在私たちが禅と呼ぶメソッドが使われた最初の記録はおよそ8千年前のことで、ゴータマ・ブッダよりもはるか以前の時代だ。ジャナカ王は、「知ること」の熱意に燃えた聡明な求道者だった。彼は王国中の全てのスピリチュアル指導者に会った。しかし彼らの教えは全て、書物から生まれてきたものだったので、王は満足できなかった。王はまだ内側の体験的認識を会得させてくれる指導者に会ったことがなかった。

ある日、王は狩りの旅に出た。ジャングルの奥深くで、ヨギの姿を目にした。王は足を止めた。小さな庵の外に座っていたのは、熟達したヨギであり至上最高のスピリチュアル指導者の一人、アシュターヴァクラだった。ジャナカ王は彼に挨拶をするために馬から下りようとした。アシュターヴァクラが「止まりなさい！」と言ったとき、王は鞍《くら》から足を外して馬から下りるところだった。

そこでジャナカ王は片方の足は宙に浮かせ、もう片方の足は鐙《あぶみ》に嵌《は》めたまま動作を止めた。苦しい体勢だったがジャナカ王はそのまま静止してアシュターヴァクラを見つめた。グルがどれほど王をその体勢で待たせたのかは分からないが、その奇妙な姿勢の状態でジャナカ王は突然、真の悟りを開いたのだ。アシュターヴァクラのとったメソッドは、禅として今日、世界に知られているものと同じものだった。

あるとき。誰に説法するわけでもないのに、誰からも尊敬される禅師がいた。彼はいつも肩に大きな袋を担いでいた。袋には様々なものが入っていた。おそらく菓子も入っていたと思われる。彼が訪ねる町や村ではいつも子どもたちが集まり、彼はいつも菓子を与えて去っていった。人々は彼に教えを乞うたが、彼はただ笑って自分の道を歩き去った。

ある日、禅の老師として名高い男が彼に会いにきた。彼はこの袋を持った男が本当に禅の道を歩む者かどうか確かめたかった。そこで彼は袋の男に聞いた。「禅とは何だ?」。袋の男はすぐに袋を地面に落として直立した。

またしても彼は訊ねた。「禅の目的は何だ?」。袋の男は今度は袋を拾い上げて肩に担ぎあげて歩き去っていった。

ヨガもこれと同じだ。全てのスピリチュアル・プラクティスはこういうことだ。ヨガか禅を身につけたいと思うなら、重荷を下ろし道の途中で全てを捨て去り、何もない状態で直立しなければならない。ここは重要な点だ。重荷を持ったままでは何も身につかない。

そしてヨガの目的は? 意識を持ってもう1度その重荷を拾い上げる。重荷は、もう重荷ではなくなっている。

聖なる科学

ある空間を浄化する、あるいはコンセクレート(神聖化)する、というのはどういう意味か?「コンセクレーション」という言葉は曖昧に使われている。美しくて詩的かもしれないが、実用的機能は持たない儀式。ほとんどの人はこのように理解しているだろう。また次のように思い込んでいる人も多いだろう。コンセクレーションによってスピリチュアル・プロセスを分かりにくいものにして、大衆に何かを信じ込ませるためのものだ、と。今こそこの薄っぺらい考え方を捨て、コンセクレーションの真の意味を理解するときだ。

農業は土を食物に変える。消化は食物を肉と骨に変える。火葬は肉を土に変える。コンセクレーションは、肉体（あるいはただの石、何もない空間でも）を高い可能性を持つものに変えるのだ。

コンセクレーションは生きたプロセスだ。サンスクリット語ではプラティシュタという。前に述べたように、現代の科学では、全ての存在は、同じエネルギーが数多くの違う姿に形を変えたものだという。もしそうなら神、石、男、女、悪魔と呼ばれるものは全て、同じエネルギーが違う形で機能しているのだ。然るべきテクノロジーがあれば、人は平凡な空間を神々しさにあふれる空間に変えることができる。ただの石を神や女神に変えることができる。これがコンセクレーションという現象だ。

特にインドでは、たくさんのコンセクレーションに関わる知見が、古代から世代を超えて受け継がれてきた。その理由は、どんなに良い人生を過ごし、どんなに長く生きていようと関係なく、ある時点で「創造の源と触れたい」という人間の基本的な切望が必ず浮上してくるからだ。もし、これらのより深い次元にアクセスする可能性が創造されず、探求する全ての人たちにその可能性が提供されなければ、社会はその市民に真の幸福を提供することに失敗したともいえる。

このような意識があるため、インドにはあらゆる通りに寺院がある。寺と寺が互いに競い合っているわけではない。人はコンセクレートされた空間に生きるべきだという考えに基づいているだけだ。

コンセクレートされた空間に生きるということは、人間にとってとても幸福なことだ。そこに生きることで、生き方そのものが見違えるほど変わる。「コンセクレーションは必要か？」と思う人がいるかもしれない。コンセクレートされた空間がなくても、人は生きていける。自分の肉体そのものを寺院にする方法を知っていれば、寺院に行くことはそれほど重要ではない。そう、肉体そのものを寺院にすることができる。問題は寺院になったその肉体を保てるかどうかだ。

全てのスピリチュアルの儀式（イニシエーション）の目的は、肉体そのものを寺院のような存在にコンセクレートすることだ。その後、必要なのはメンテナンスだけだ。毎日のスピリチュアル・プラクティスをすることは、イニシエーション後も人間のシステムを高い活気のある状態に保つためのひとつの方法だ。私はこれまで時には公式、時にはプライベートで人々に強力なコンセクレーションをほどこした。石のような無生物を神聖化するには莫大な生命力が必要だ。だが人間を生きた寺院にするのは、コストもかからず環境にも優しい。しかも人は動き回るので広い範囲を浄化してくれる。人をコンセクレートすることには多くのメリットがある。ただ問題なのは、人間はある程度の時間とエネルギーをメンテナンスに費やし、フォーカスしなければならないということだ。そうしないとうまくいかない。

「忙しくて自分自身を生きた寺院にする気にならない」と多くの人が思っているなら、建物としての寺院が必要になってくる。寺院を建立する基本的な目的は、日常生活でスピリチュアル・プラクティスを一切しない大多数の人たちのためだ。コンセクレートされた空間でスピリチュアル・プラクティスができるのなら、なおよい。特に肉体そのものを寺院にする方法を知らない人たちにとっては、外側の世界の寺院は貴重だ。

コンセクレーション（またはプラティシュタ）は様々な方法で行われるが、通常は儀式、マントラ、音、形式、その他を用いる。また絶えずメンテナンスを行う必要がある。寺院で行う儀式はそこに来る人のために行うのではない。神々、あるいはエネルギーの形を常に生きたものにするためだ。神とは何か？　神とは特定の目的を達成するための手段だ。生命の異なる側面を、それぞれ最大限に生かしきるための手段である。実際、「神」は昔からの言葉では「ヤントラ」と言うが、字義通りには「機械」あるいは「作用しているエネルギーの形」という意味だ。伝統的に石像を家であがめてはならないと常に言われてきた。家の中に石像を設置するのなら、適切なプロセスによるメンテナンスを行わなくてはならない。その神がマントラによってコンセクレートされたもので、必要なメンテナンスが毎日行われていなければ、その神はエネルギーを吸引するものに変わってしまい、周辺に住む人に多大な危害を与えてしまう。しかし残念ながら、多くの寺院がこのような状態になってしまっている。それは、存続させる方法を知らない人々が不適切なメンテナンスを施しているからだ。

プラーナ・プラティシュタは、コンセクレートするために生命エネルギーを利用するので通常のものとは異なる。この方法でコンセクレーションを行なえば、メンテナンスの必要はなくなる。永久にコンセクレートされた状態を保つからだ。私の生涯の使命であるディヤーナリンガ（全てのチャクラの能力を最大限引き出すことで得られる、名状しがたいエネルギーの形。1999年に南インド・コインバトールのイーシャ・ヨガセンターで行われた）をコンセクレートしたときは、プラーナ・プラティシュタの方法で行った。したがってこの寺院では儀式が行われない。何も行う必要がないのだ。そのパワーは常に変わらないので、ディヤーナリンガにはどんなメンテナンスも必要ない。仮にこの構造物の中から石造部分が失われてしまっても、そのままの力を保っていられる。時を経て物理的な変化が起きても、エネルギーの形は決して変わらない。なぜなら真の姿は物質ではなく不滅だからだ。

インドの寺院は祈るための場ではなかった。朝一番にシャワーを浴び、そのまま寺院に行ってしばらく座るというのが伝統だった。それで、はじめて1日が始まるのだった。寺院というものは公共の充電スペースのようなものであった。多くの人はこのことを忘れてしまっている。人々はただ寺院に行ってお願い事をし、床の上で尻を上げたり下げたりする動作をして去る。全く意味がない。本当にすべきことはそこに座り、空間のエネルギーを取り込むことなのだ。

コインバトールのディヤーナリンガ・ヨガ寺院では、ご利益を得るために何かを信じ込むことは要求されない。祈ることも儀式で何かを捧げることも要求されない。目を閉じ、しばらくその場に佇むことをすすめられるだけだ。実際にやれば、とてつもない経験をしていることが分かる。あらゆるものの中でもディヤーナリンガは最も高いレベルのインパクトを持つ。瞑想について何も知らない人が座っても、自然に瞑想状態になれる。卓越したツールなのだ。

もし私に、必要な支援や機会が与えられるなら、地球全体をコンセクレートしたい。何もない場所を強烈に気のみなぎる空間に変える。一片の金属、または石を、神聖なパワーが反響するものに変える。私にはこの技術がある。いつか全人類がコンセクレートされた環境に住むというのが私の夢だ。家が神聖、通りが神聖、職場が神聖。全ての空間が神聖。そのような空間で生きるなら、単にジャンプさえすれば究極の幸福と自由の状態に人間は到達できる。

インドの古代寺院のほとんどはシヴァ（何もなさ）が信仰対象だ。何千というシヴァ寺院があり、そのほとんどの寺院には偶像やそれに該当するものは設置されていない。それらの寺院には象徴的な形、リンガがある。

「リンガ」という言葉は「形」を意味する。創造が起きるとき、つまり形がないものが形を持つとき、はじめに帯びる形状は楕円、もしくは立体的な楕円で、私たちはこれをリンガと呼んでいる。楕円から始まり、それからたくさんの他の姿や形に変化する。深い瞑想状態に入るとき、完全な溶解が起きる直前にエネルギーが再びリンガの形をとることが分かるはずだ。現代の宇宙学者は全ての銀河の核は常に楕円であることを突き止めた。

ヨガでは一般的に、リンガは万物の中で完全で基本の形状であるとしている。最初の形状であり、最終の形状だ。その間で創造が起きるのだ。その向こう側は「何もなさ（シ・ヴァ）」だ。つまりリンガの形は、実は創造の構造に入るための入り口だ。物質的な創造の表玄関はリンガであり、裏玄関もまたリンガだ。したがって寺院は、物質的な構造の玄関なのだ。そこへ落ち込んでいってさらにその先へ突き抜けていくかもしれない。それゆえにとてつもない可能性があるのだ。

面白いことにリンガは世界中の至るところで見られる。アフリカにはテラコッタ（粘土の素焼き）のリンガがあり、多くの場合は魔術に使われている。ギリシャのデルフォイには世界のへそとして知られるリンガが地中にある。これは正真正銘のマニプラ・リンガ、つまり繁栄と物質的な幸福の促進が目的のものだ。ある人が私にこの写真を見せてくれたとき、これをコンセクレートしたのが誰なのか、私にはピンときた。数千年前にインドのヨギたちが行ったとしか考えられない。

２０１５年、私はアメリカ・テネシー州の Abode of Yoga でアディヨギをコンセクレートした。これはスピリチュアリティを導入するイベントであり、西洋の古典ヨガ界における画期的な出来事だった。私はこれまでに様々な興味深い古代遺跡を見てきたので明言できるが、これは西洋文明のこの3千年間の中でエネルギーに関わる最も重要なものだ。この地は世界最初のヨギ、アディヨギに捧げられ、プラーナ・プラティシュタのプロセスでコンセクレートされている。そしてヨガを追求しプラクティスするためだけに作られている。最高レベルのエネルギーが集まり、西側世界の探求者に対して、スピリチュアルの実現の機会を提供する唯一無二の場所だ。

現在インドでさえ、存在するほとんどのリンガはひとつか、せいぜい2つのチャクラしか象徴していない。それらは決まって物質的な幸福のためにしかコンセクレーションされていない。一部には心の平穏とジョイを促進させるために、アナハタのリンガのコンセクレーションも存在する。しかし私がコンセクレートしたディヤーナリンガの特徴的な点は、7つのチャクラのエネルギーがその最高点まで高められていることだ。それぞれのチャクラに合わせた7つのリンガを別々に作る方がはるかに簡単だが、その効果は同じではない。ディヤーナリンガはエネルギー体の最も進化したもの（ヨガの世界で言う「シヴァ」）が永久に全ての人の手に届く。ディヤーナリンガは最高の可能性を具現化したものなのだ。

エネルギーを高レベルに引き上げると、形として留めておくことができなくなる。ある時点で形を失い、人はそのエネルギーを認識できなくなる。ディヤーナリンガは、それを超えると形を持たなくなる限界のエネルギーの最高点で結晶化され、コンセクレートされている。生きたグルと一緒に座る親密な体験を切望する全ての探求者に、その体験を提供するために造られたのだ。

何よりも、ディヤーナリンガは生命の深遠さと完全さを体験的に認識する機会を象徴しているので、かつてないほどのスピリチュアリティに満ちたものだ。この場所を訪れた者はアーカーシャ（エーテル体、あるいはヴィニャーナマヤ・コーシャ）のレベルで感応される。肉体、マインド体、エネルギー体を通してある程度の変革があっても、それは生きている間に失われてしまう。しかしエーテル体のレベルまで到達したなら、これは永遠に続く。仮に数世代にわたって生きることができるとしても、解放の種はその時期を待って芽吹き、花開く。

極度に力を注いだディヤーナリンガのコンセクレーションのプロセスには、3年半を費やした。これまでもたくさんのヨギや達人が、そのようなリンガを完成させようとしてきたが、様々な理由で叶わなかった。実はこのコンセクレーションは私の意思ではない。これは私のグルの意思だった。私が師と関わった時間はほんのわずかだったが、この縁はあらゆる意味で私にとって大きな意味を持つものだ。私の人生の全段階（私が誕生したことをも含む）を決定づけるものだった。

ディヤーナリンガはついに完成した。これはグルの意思、多数の人の愛、支援、理解のたまものだ。このプロジェクトの意味を理解し、自発的、意識的に身を捧げてくれた多くの人はもちろん、本プロジェクトに関わらなかった人を含む全ての人に、私は心から感謝している。

Sadhana ― サーダナ

強力なエネルギーを生み出す空間を自分で作り出す方法がある。５つのエレメントを幾何学的な形に並べるだけのものだ。

まず米粉か他の穀物で六芒星を作る。ギー（澄ましバター）の入ったランプを水の入った皿に載せて、六芒星の中心に置く。水の中には花を入れる。これで水、火、空気を使用した幾何学的な形ができた。水の中の花は地を表す。もちろんアーカーシャ（エーテル）は常にここにある。

この簡単なプロセスを毎夕やってみよう。部屋の中が強烈なエネルギーで満たされるのが分かるはずだ。このユニークな方法で毎日自分の家や職場をパワーアップできる。

神々の山

悟りを開いたからといって得られた知見をそのままの形で周囲の人に提供することはできない。これは多くのヨギや神秘主義者の悩みだ。その知見を受容する能力がある人物を見つけることは容易ではない。そんな人を1人でも見つけられれば幸運だ。

したがってほとんどのスピリチュアル・リーダーは人里離れた場所（人が全く近づけないとい

うほどではないが）へ行き、自分の知識をその地にダウンロードする。そのような指導者たちは、しばしば山の頂上をそれに適した場所として選ぶ。人の往来が少なく邪魔をされることがないからだ。インドにはそれにふさわしい場所がたくさんある。カイラス山（西チベットにある山頂で、古代から計り知れない力があると見なされている聖地）は最大量の知識がエネルギーという形で果てしなく長い時を超えて貯蔵されてきた。

カイラス山は地球上で最も優れた神秘主義の書庫だ。東洋のほとんどの宗教できわめて神聖な地として認識されている。ヒンドゥー教ではシヴァとその妻のパールヴァティーの住処とされている。仏教では3尊の仏が住んでいると信じられている。ジャイナ教では最初の偉大な指導者（ティールタンカラ）がその地で解脱したと信じられている。チベット土着の宗教であるボン教でもこの地は非常に神聖視されている。

私はこれまで11年、巡礼者たちをカイラス山に連れてきた。２００７年に訪れたとき、私の健康状態はすこぶる悪かった。それまでの数週間にわたって、マラリア、デング熱、腸チフス、癌など様々な病気と診断されたが、行軍を止めることはなかった。この巡礼についてきた医者たちは困惑した。彼らは私の血液検査の結果を「あり得ない」と言った。結局私は自分で自分の内側を調整することにした。数日後、私はカイラス山に登った。この時点ではある程度は回復していたものの、調子は万全ではなかった。山を見ると、膨大な神秘的叡智がアクセスされるのを待っているのが感じられた。私は山からエネルギーの束を一本取り、それを確実な方法で自分のエネルギーシステムに取り込んだ。すると突然体に活気が戻ってきた。８週間近く続いた熱で弱った私のエネルギー体は通常のレベルに戻った。1時間もしないうちに、私の風貌はそれまでより若くなり、自分でも若くなったことを感じ、声まで変化した。目に見えて変化が表れた。私の周りの２００人近くがこの現象を目撃した。

神秘主義者がそのスピリチュアルの果実を後世に残したといわれる、エネルギーが強烈に活動的な場所はほかにもある。ヒマラヤ地方には、たくさんのヨギや神秘主義者が住処にした場所がたくさんある。彼らがそこで生きていたことで、ある種のエネルギーが自然とそこに宿った。その結果、ヒマラヤ地方はある種のオーラを帯びるようになったのだ。

例えばケダーナスはヒマラヤ地方にあるただの小さな寺院だ。神は祀《まつ》られておらず、土から露出した岩があるだけである。だがここは世界で最もパワーがある場所のひとつだ。自分の受容性を高めた後にこのような地を訪れると、大きな衝撃を受ける。東洋にはこのような場所はほかにもたくさんあるが、最も人を惹き付けるのはヒマラヤだ。

南インド、カルナタカ州にクマーラ・パルヴァタという別の場所がある。「パーヴァット」は山という意味。「クマラ」は「カルティケヤ」という名のシヴァの息子のことだ。彼は世界を変えようとたくさんの戦をしてきたが、それが不毛であることに気づいてこの地に来た。彼が最後に血の付いた剣を洗ったのはこの地だった。たとえ1千年戦っても世界を変えることはできない。ひとつの暴力による解決が、さらに多くの新たな問題を生みだすからだ。彼はそう悟り、山を上って頂上に立った。普通ヨギが肉体を離脱するときは座るか横になる。だが強者のカルティケヤは立ったまま肉体を離脱した。

自分を傷つけることなく自ら肉体という形から出て行くことができるのは、生命プロセスを完全にマスターしたからだ。これは一般的にインド伝統の「マハーサマーディ」あるいは「偉大なる静謐」と呼ばれる。

もう何年も前に私はクマーラ・パルヴァタを訪れた。テントに入って寝ようと横になろうとしたが、私の意思に反して体が勝手にテントを解体して立つ姿勢をとった。一晩中座ることができずに立ったままだった。そのとき、カルティケヤの生命がどんなものだったかが理解できた。彼は数千年も前の人物だ。しかし彼がその地に残したものは今に至るまでみなぎるパワーを持って生きていたのだ。

こうした偉業は、消し去ることはできない。人が生命エネルギーで何かを成し遂げたとき、その創造された可能性は何が起こっても消し去ることはできない。内側で創造されたものは永遠にその形をとどめる。

ゴータマ・ブッダは２５００年前に生きていた人だとされ、キリストは２千年前に生きていたとされるが、私にとっては２人とも今なお生きている。生命エネルギーで何かを成し遂げればそれは永遠のもので、時間によって滅ぶことはない。血と肉という物質的な肉体が成し遂げたものには、限られた寿命しかない。マインドが成し遂げたものは、肉体で成し遂げたものよりも長い寿命を持つ。だが生命エネルギーが成し遂げたものは不滅なのだ。

〈コラム〉

銀の峰

幼少の頃から私が何かを見るとき、その背景には常に山の頂があった。16歳のときに1度だけこのことを友人に打ち明けたら「頭がおかしいんじゃないのか。どこに山があるんだ？」という反応だった。そのとき、他人にはこの山は見えないのだということに気がついた。しばらくの間は「その山頂がある場所を突き止めなければ」と思っていたが、そのうち気にしなくなってしまった。

眼鏡にシミがあるとする。が、しばらくするとそれに慣れてしまう。私の山頂も同じようなものだった。私の視界の中にある山の頂を探しはじめたのは、かなり後になってからだ。記憶が洪水のように戻ってディヤーナリンガを建立するための場所を探していたときのことだ。私はあらゆる場所を旅した。ゴアから南インド南端のカンニヤークマリまでの１２００kmをオートバイで11回旅した。全ての行程を入れれば数十万kmにもなる。

その後何年も経ち、コインバトール郊外のある村にたまたま寄った。近くを走っていたとき、ヴェリアンギリ山岳地帯の7番目の丘が目にとまった。それだった。子どもの頃から見続けてきたその山。その山頂（それまでの人生で常に自分の中にあったもの）を見た瞬間、私の内側の視界にあり続けた山は消失し、現実の山の映像に変わった。「私のライフワークにふさわしい場所はここなのだ」とそのとき悟ったのだ。

「地球上で一番素晴らしい山は？」と人から聞かれれば、「ヴェリアンギリ」と私は答える。この山岳地帯のイメージが目に焼き付いた状態で私は生まれてきて、それはその後ずっとつきまとい続けてきた。私の中で生き、私のナビゲーション・システム、そして内なるレーダーであり続けたのだった。自分にとってこの山は大きな意味がある。その山は、私がディヤーナリンガを建立するために必要な知見の貯蔵庫だったのだ。

「ヴェリアンギリ」という言葉は字義通りには「銀の山」という意味だ。峰が1年を通してほとんど雲で隠れているので、その名を持つ。「南のカイラス山」としても知られる。アディヨギ（シヴァ）自身が、この山の頂で3ヶ月あまり過ごしたからだ。彼がここを訪れたときは、いつもの至福に満ちた状態ではなかった。伝説によると、彼に熱心に献身する女性にした約束を守れなかった自分に対して怒っていた。激しく怒り、落胆していたので、そのエネルギーが今でもはっきりと感じられる。ところで、この地は怒っているようなヨギたちを多く輩出した。彼らはここでスピリチュアル・プラクティスを行ったために、その性質を帯びてしまったのだ。彼らは何かに腹を立てているわけではなく、ただ強烈に気がみなぎっているだけだ。

この山は私のグルが肉体から離脱した地でもあり、私にとっては非常に重要な意味を持つ。私にとってこの山は寺院、あるいは生ける神殿のようなものだ。ヨガの伝統をひきつぐ私たちにとっては神性のほとばしり、あるいは恵みの滝なのだ。

神秘主義への道

神秘体験に多大な興味を示す人は多い。また自らのスピリチュアリティの進化の証明として「超自然現象を体験した」と主張する人がたくさんいる。

今日「サマーディ」という言葉がスピリチュアルの世界でよく使われる。サマーディは神秘体験の証のように思われている。

サマーディとは何か？

これは、知力がものを識別するという通常の機能を超越したときに得られる、静謐な心の状態だ。この状態では、自分と自分の肉体との間に空間があるかのように、自分を物質的な肉体の縛りから緩める。

サマーディには様々な種類があるが、理解のために8種類に分類されている。その8つのタイプは、2つの大きなカテゴリーに分類できる。サヴィカルパ（非常に快い、至福でエクスタシーに満ちた性質のサマーディ）とニルヴィカルパ（快、不快を超越した性質を持たないサマーディ）だ。修行を積む者が自分自身と肉体との間の区別を確立できるよう、サヴィカルパとニルヴィカルパの状態は一定期間維持される。ニルヴィカルパの場合、肉体と結びつくのは1点のみ。その他の部分のエネルギーは希薄で物質的なものには全く関与しない。

サマーディはスピリチュアルの進化の過程で重要だが、究極の段階には至ってない。サマーディを経験したからといってサイクルの性質から解き放たれたことにはならない。新しいレベルの体験的認識をしたというだけだ。子どものときの人生の感じ方と、大人になってからの人生の感じ方はレベルが違う。人生の違う時点では、同じ物が全く違うものに感じられる。サマーディもそのようなものだ。

サマーディのあるレベルまで達し、何年もそこに留まっている人もいる。だが、それはそこにいるのが楽しいからだ。この段階ではもう身体や心理の障壁はある程度破壊されているので、そこには空間もなければ時間もなく身体的な問題もない。しかしそれは一時的なものだ。この状態から外に出たとたん、肉体の要求や、マインドの習慣が元に戻ってしまう。

酒に酔うと、しらふの状態と比べて認識のレベルや活力のあふれ方が変わる。しかし時間が経つとまた元のレベルに戻る。サマーディは外部からの科学物質に頼らずにハイになる方法だ。この状態になれば新しい次元が扉を開いて待っている。重要なのは、その次元に行っても変革した状態のままではいられないということだ。あなたはまだ違う現実に移行していない。認識のレベルは深まっているが、究極の自由には到達していないのだ。

開悟したほとんどの人たちはサマーディの状態には留まらない。ゴータマ・ブッダは悟りを開いた後は、何年も瞑想をしなかった。彼の多くの弟子は瞑想を続けた。だがゴータマは、自分には必要ないと理解していたので、瞑想はしなかった。彼は開悟の前に8種類全てのサマーディを実践し、本質的な認識を得た上でサマーディを捨てた。「これは違う」と彼は思った。彼には、これが悟りへと導く道ではないことが分かっていた。サマーディは単に高められた認識であり、いわば外部からの刺激に頼らない内部のＬＳＤのようなもので知覚のレベルを変えるものだ。この状態は現実よりはるかに美しい世界なので、そこから出られなくなってしまう危険性がある。最高に美しい経験も時間が経つと足手まといになることがあるのはご存じだろう。

開悟することを至上の目的にしたのなら、究極の自由に自分を一歩でも近づけさせるもの以外には意味がない。エベレストに登るとする。どんなわずかなエネルギーだって無駄にしたくないので胁道には一歩も入らない。同じように意識の頂点に上りつめたいと思っているのなら、どんなわずかなエネルギーでもかき集められる限りかき集める。それでもエネルギーが十分ではないというとき、人は本来の目的からそれることは何もしたくないものだ。

「自己実現とは何か？」と人は考えるだろう。結局ほとんどの人が求めるのは健康、満足感、金、愛、成功。人間には本当に自己実現が必要なのか？

単純な例で考えてみよう。コンピューターについて理解が深くなるほど上手に使いこなせるようになる。道具や機械を使う能力は知識に比例する。高いレベルで道具を使いこなす能力がある人は、単純な道具を魔法のように使いこなしている。サーフボードに乗って驚異的な技を繰り出す人たちを見たことがあるだろう。ただのプラスチックの板にすぎないのに、なんと洗練された動きができるのだろうか。

同様に、人間のメカニズムについての理解が深くなればなるほど、生命はより魔法がかかったようになる。どの文化にも奇跡としか思えないことをする人たちがいる。そういう人たちは、実は生命に深く近づいているだけなのだ。その方法を理解できない者には、それが奇跡に見える。生命へのアクセスは、生命の奥深さを探求する者なら誰でも可能なのだ。

タントラ：変革のためのテクノロジー

現代は、スピリチュアルの仮面をかぶったオカルトが蔓延《はびこ》ってしまっている。インドにいながらアメリカに住んでいる人の目の前に突然花を出現させたら、それはオカルトだ。これはスピリチュアルではない。これは生命の物質的な面を操作する別の方法だ。

インドには巧みなオカルトのプロセスがある。写真を見るだけで、他人の人生を良くしたり破滅させることができる人たちがいる。そういう人たちは短期間で人を病気にすることができる。人を健康にすることもできるが、残念ながらオカルトに携わる大抵の人は、その能力を悪いことに使う。その能力が悪いことに使われていようと良いことに使われていようと、オカルトを個人的な目的に使うことは推奨できない。

ヨガの世界は偉大なヨギ、ゴーラカナスの話で満ちている。彼を11世紀の人だという人もいるが、もっと以前に生きていたという説が有力だ。ゴーラカナスは、かの有名な、生まれながらのヨギであるマッツェンドラの弟子だった。マッツェンドラはシヴァ、もしくはアディヨギの生まれ変わりとして尊敬されていた。言い伝えによるとマッツェンドラは600年ほど生きた（これをそのまま信じる必要はないし、聖人伝として切り捨てる必要もない。これは彼が大変長生きをしたことと、とてつもなく尊敬を集めていたことを示す)。

ゴーラカナスはマッツェンドラに弟子入りし、師匠をとても尊敬した。ゴーラカナスの性格はまるで炎のように強烈だった。マッツェンドラにはゴーラカナスの中に過剰な炎があって自己抑制が足りないのが分かった。炎は様々なものを焼き切る。ゴーラカナスは無知の壁を焼き切り、突如驚異的なパワーを得た。それを見たマッツェンドラは、ゴーラカナスは先走りすぎていると喝破して彼に言った。「14年間ここを離れよ。私の元から去れ。お前は私の智識を詰め込みすぎたのだ」

これはゴーラカナスには耐え難いものだった。仮にマッツェンドラが「死ね」と言ったなら、本当に死んだかもしれない。だから「ここを離れよ」は耐え難かった。しかし尊敬する師の命令だったので彼はそこを去った。

師の元に戻ることができるまでの14年間、あと何日あと何時間と数えて彼は待ち続けた。14年が経ち、師の元へ駆けつけた。マッツェンドラが暮らしていた洞窟の入り口にはマッツェンドラの弟子らしき者が見張りをしていた。「我が師に会わせてもらいたい」、ゴーラカナスは申し出た。洞窟を見張っていた弟子が言った。「そんな話は聞いていません。ここでお待ちください」

ゴーラカナスは烈火のごとく怒った。「馬鹿もの！　俺は14年も待ったのだ。お前がここに来たのは、一昨日かそこらだろう。そんなお前が、この俺をなぜ止めるんだ！」

ゴーラカナスは弟子を押しのけて洞窟に入った。マッツェンドラはいなかった。ゴーラカナスは戻って弟子を揺すぶって言った。「我が師はどこだ？　今、会いたいのだ！」

弟子が言った。「それをあなたに教えるようには申しつかってません」

ゴーラカナスは自分を抑えることができなかった。自分のオカルト能力を駆使して弟子の頭の中を覗いてマッツェンドラがどこにいるのか突き止めた。そしてすぐにそこへ向かった。師はその途中で彼を待っていた。

マッツェンドラが言った。「私はお前に14年間ここから離れるように命じた。それはお前がオカルトに傾倒しはじめていたからだ。お前の視界からはスピリチュアルのプロセスは遠ざかり、お前はオカルトにのめり込みだした。お前がここに戻ってきて最初にしたことは、オカルトの力で弟弟子の頭の中を覗いたことだ。さらに14年間ここを離れろ」

マッツェンドラは再びゴーラカナスを追放した。

この禁断の領域に立ち入ったゴーラカナスをマッツェンドラが何度も何度もはねつける話はたくさんある。同時に、ゴーラカナスは最終的にはマッツェンドラがそれまで育てたうちの最高の弟子に進化した、という話もある。

ヨガの世界では、オカルトは常にこのように扱われていた。オカルトが尊重されたことはなかった。生命の間違った使い方であり、入ってはならない領域に侵入するものとして扱われてきた。金と権力にしか目がないような人間だけが実践するものだった。

だが全てのオカルトが悪いというわけではない。評判が悪いのは、悪い使い方をされるからだ。オカルトの本質はテクノロジーだ。科学であれテクノロジーであれ、それ自体は悪くない。あるテクノロジーを使って人を殺したり拷問したりすれば、そのテクノロジーは「最悪だ！」と思われてしまう。オカルトに起きたのはこういうことだ。あまりに多くの人間が自らの利益のためにオカルトを悪用してきたのだ。だからスピリチュアルの道を歩む上で、一般的にオカルトは避けられてきた。

一般にオカルトと言われているのは、広い意味で私たちが「タントラ」として知っているものだ。今の社会の理解では、タントラとは極めて異端な、あるいは社会的に受け入れられないメソッドを使うことだ。だがタントラの古典的な意味は単に「テクノロジー」のことだ。抑制の利かない性衝動とは関係ない。オカルト的なタントラとスピリチュアルのタントラの間に明確な区別をつけることが重要だ。この2つは左手と右手のタントラとして区別され、本質的に全く違う。

左手のタントラには様々な儀式があり、多くの人の目には極めて異様なものに映る。それは外側を非常に重視する。物質的なものや複雑な手順がないとタントラの力は使えない。オカルトは大抵の場合は左手のタントラを指す。それにより距離を超えて意思伝達ができたり、2つの違う場所に同時に出現したり、自分の利益のためだけにエネルギーを使って他者に害を及ぼしたりする能力を得る。右手のタントラはもっと内的なものだ。人間のエネルギーを使って何かを実現させる。自分の内側で何かをするために、生命のあらゆる側面を自分のための学問や技術として使う。左手のタントラは初歩的なテクノロジーで、イニシエーションを受けていない者にも手が届く。一方、右手のタントラははるかに洗練されていて、強力なイニシエーションを得た者しか獲得できない。

タントラとは能力だ。タントラなしではスピリチュアルのプロセスはない。タントラがないということは、人を変革させるテクノロジーがないということだ。あるのは言葉だけだ。言葉で人を鼓舞したり命令することはできるが、人を変革させることはできない。学者はグルとは呼べない。人を変革させるテクノロジーがなければ指導者ではない。だからタントラを持たないグルはいないのだ。現在、グルを名乗る者は大勢いるが、やっていることは聖典を作り変えているだけにのこと。本物のグルの仕事は、人間のメカニズムをオーバーホールすることだ。それによって身についてしまったカルマのサイクルのパターンから、人間を究極の存在へと変革すること。これはカルマのイボを取り除くメカニックのような仕事だ。タントラ（テクノロジー）を持たない人間はグルとは呼べない。

〈コラム〉

ヘビのパワー

クンダリニは字義通りには「エネルギー」を意味する。それは、全ての人間がもつ潜在的でまだ物質世界に発現していないエネルギーを指している。クンダリニはヨガではとぐろを巻いたコブラとして象徴されてきた。

とぐろを巻いたコブラは「不動」というとても高い資質を持つ。コブラが静止しているとき、目の前にいても見逃してしまうくらいに完全に静止している。コブラが動いてはじめてその存在に気づく。だがコブラはとぐろを巻くことによって、激しいまでの躍動を隠している。クンダリニがとぐろを巻いたコブラを引き合いに出すのは、人間は皆このコブラのようなとてつもないエネルギーを持っているが、それが動くまでその存在に気づかないからだ。

物質的な生命をフルに生きるには、わずかなエネルギーがあればよい。物質性の超越が必要になってはじめて、現実を超越するためのエネルギーの爆発が必要になる。それは飛行機を飛ばすエネルギーとロケットを打ち上げるエネルギーの必要量の違いに似ている。大気中を飛行するのと、大気圏の障害を突破することとは全く別ものだ。同様に、物質性を超越するというのは全く違うレベルのエネルギーを必要とする。

インドにはヘビの絵や像のない寺院はない。ヘビを崇拝する文化というわけではない。これは人間の中にまだ眠っているエネルギーを呼び覚ます可能性を秘めた、神聖な空間を象徴しているのだ。

ヘビは非常に知覚が敏感な生物として知られる（その理由のひとつは、ヘビは聴覚器官からは音は聞こえず、振動としてしか知覚できないから）。ヘビは特に瞑想状態の人間に惹き付けられる。「ヨギが瞑想しているときはどこか近くにヘビがいる」と言われていた。人のエネルギーが静止すると自然にヘビが惹き付けられるのだ。

生物としてはヘビと人間では世界が違うが、エネルギー・システムは非常に似通っている。もし野生のコブラに遭遇した場合、コブラは抵抗することなくあなたの手の中に入ってくるかもしれない。なぜなら、人とコブラのエネルギーは非常に似ているからだ。あなたの体内化学が、ヘビが危険であると解釈する警告を示さない限り、ヘビはその猛毒を使うことはないだろう。ヘビにとってその毒は富なのだ。実際、その薬効は世界でもますます認められている。

もちろん、アダムとイブの話のせいで歴史的にヘビの評判は悪い。だがこの話をよく考えれば、この地球で最初に生命を吹き込んだのはヘビだということが分かる。そうでなければ、子供を作るには何をしたらいいのか分からない馬鹿なカップルがいただけのことだ。この素晴らしいヘビがいなければ、私たちは今ここに存在していなかっただろう。

クンダリニのエネルギーの上昇は、生命の最も大きな知覚の根本をつくる。アディヨギ（シヴァ）の伝統的なイメージはヘビが一緒にいる。それはシヴァが知覚の頂点にいることを表している。エネルギーがある一定のレベルの強度と量にまで上昇した場合にのみ、現実をその最高の純度で知覚することができる。そうでなければ私たちが受けるカルマの影響（数万年前に私たちが単細胞生物だったときからの）が、私たちの現実に対する知覚を妨げるのだ。

＊1　シャンバヴィ・マハームドラー　サドグルが考案した内的改革を目的としたプラクティス法。「マハームドラー」は「偉大な印」を意味する。

＊2　ホイール・アライメント・センター　通常は自動車のホイールの整列具合を調整する施設のこと。

＊3　カーヴィリ川　聖なる河のひとつに数えられるインド南部を流れる大河。

＊4　第6支　パタンジャリが編纂《へんさん》したとされるヨガの根本経典『ヨガ・スートラ』の中に登場する8つの段階のひとつ。ディヤーナは通常7番目とされるが本書では6番目として紹介される。

ジョイ

はじまり

ジョイは滅多に訪れるものではない。そのジョイを読者の生涯の友人にしようというのが本書の目的だ。

ジョイとは、促えがたいスピリチュアルな目標ではない。あなたの人生のあらゆる側面を魔法のように素晴らしく開花するために必要な背景・環境にすぎない。もし人生を取り巻く環境がジョイで満ちていなければ、最も楽しい出来事でさえ重荷に変わってしまう。自分の周りに起きる様々な問題は、自分の能力をフル稼働させればなんとか対処できるかもしれない。だが、ひとたびジョイが生涯の友人になれば、自分の人生においてこれ以上自分というものが問題になることはない。そうすれば生命は終わることのない祝福と発見の旅となる。

私たちは人類史上で初めて、栄養や健康、教育やその他諸々の地球上の問題に取り組むために必要な資源や能力、そしてテクノロジーを手に入れた。私たちは、この世界を何度も創造したり破壊したりできるほどの科学とテクノロジーという強力な道具を手にした。だがこのような強力な道具を操る力が、思いやり、宇宙全体との一体感、バランス、そして成熟した精神といった深い感覚を伴わなければ、絶対絶命の危機に瀕《ひん》してしまう。外側の幸福を貪ることの追求は、人類を滅ぼしてしまうかもしれない崖っぷちにまで人類を追い込んでいる。

現代の私たちほど快適で便利に生きている世代はほかにない。それにもかかわらず、私たちが歴史上で最もジョイと愛に満ちているとは言えない。膨大な数の人たちが絶え間ない不安にかられたり鬱病に悩まされたりしている。失敗が原因で苦しんでいる人たちもいるが、皮肉なことに多くの人は成功が原因で苦しんでいる。限界があることに苦しんでいる人たちもいるが、多くの人たちは自由でいることに苦しんでいる。

いま必要なのは人間の意識。ほかのものは全て揃っている。しかし肝心な人間が不在なのだ。人類が幸福への道を自ら閉ざさなければ、解決の道はある。個を変えることでしか世界を変えることはできない。

私のライフワークは、多くの人が自分で自分の運命を決定し、ジョイに満ちた宇宙との一体性に到達できるようにすることだ。それにより人間は自らの持つ可能性を存分に発揮できる。その可能性は私たちの世代だけで終わるものではない。ジョイ、不幸、愛、苦痛、そして至福。それは全て自分に委ねられている。

解決方法は内側にある。内側に目を向けることでしか、互いに愛し合い、光を見いだし、笑顔のあふれる世界をつくりあげることはできない。本書がその世界をつくりだすための扉となるだろう。

ともに実現させようではないか。

用語解説

あ

アヴァドゥータ　二元論を超えた者。一般には常に内的に至福な状態にいるヨギまたは聖者。

アーカーシャ　エーテル。創造と創造の根源の中間的状態。アーカーシャは創造の領域に捉え難いレベルで物質性を与える。

アーサナ／ヨガアーサナ　ヨガが統合、融合を意味するのに対し、アーサナは肉体のポーズを意味する。自身のより高次な性質との融合を可能にするポーズは、ヨガアーサナと呼ばれる。ヨガ8枝のひとつ。

アジナ　知識と悟りの中心。アジナは人間の体の7つの主要なエネルギー・センターのひとつ。肉体的には眉間に位置する。3つ目の目としても知られる。

アディヨギ　字義通りには最初のヨギ。この存在によってヨガの科学が創始した。「シヴァ」としても知られる。

アナハタ　重要なチャクラで人間の身体システムのエネルギーの中心。ハート・チャクラとしても知られる。２つの組み合わさった三角形で、６つの角を持つ星の形で象徴される。上向きの三角形は肉体、下向きの三角形は肉体を超越した次元を意味する。

アナパナ・サティ・ヨガ　呼吸を意識することを伴うヨガの完成したシステム。

アーナンダマヤ・コーシャ　字義通りには至福体。ヨガの生理学では人間を構成する鞘のひとつ。非物質的。

アハンカーラ　人間の持つアイデンティティの感覚。エゴを生む元。

アーユルヴェーダ　字義通りには生命の科学。古代インドの食べ物と医学のシステム。肉体のシステムの不全をハーブや鉱物を使って正し、健康を促進する。

アンガマルダナ　肉体を活気づけ身体活動の頂点に達するための31の一連のダイナミックなプロセス。アンガマルダナは字義通りには手足、器官、その他の肉体の部分を完全に統制、制御すること。筋肉、骨格、神経系、循環系、呼吸系など身体システムの全てを再活性化させる。

アンナマヤ・コーシャ　ヨガの生理学では肉体的な鞘のひとつ。物質的な肉体は本質的に摂った食べ物で構成されるので食物体とも呼ばれる。

イダー　肉体の3つの主要なプラーナの流れの経路のひとつ。体の左半身に位置し、女性的で直感的な性質を持つ。

ヴァーサナ　人の潜在意識に存在する傾向。欲望と行動の滓《かす》。

ヴィシェーシャ・ニャーナ　並外れた知識、もしくは感覚を超越した洞察力。

ヴィシュッディ　7つの主要なチャクラのひとつで力と洞察の中心。喉のくぼみに位置する。

ヴィニャーナマヤ・コーシャ　肉体の5つの鞘のひとつ。物質性から非物質性への移行を促進する。「ヴィグニャーナマヤ・コーシャ」とも表記。

ヴェーダーンタ　文字通り知覚可能な知識の終焉《しゅうえん》。ヴェーダについての思索的で形而上学的な解説であるウパニシャッドの哲学または教え。

か

カルパヴリクシャ　字義通りには「願いの木」。ヨガでは安定して確立したマインドは「カルパヴリクシャ」と呼ばれる。

カルマ　字義通りには「行動」。「人を肉体に縛り付け、人の様々な側面を決定づけてしまう過去の行動」を意味する。

カルマ・ヨガ　行動のヨガ。行動の科学で、人間を拘束するものではなく解放するもの。ヨガの4つの道のひとつ。

クリヤ／クリヤ・ヨガ　字義通りには「内的行動」。究極に到達するために内側のエネルギーを変化させる。ヨガの4つの道のひとつ。

グル　字義通りには「暗闇を払拭する者」。悟りを開いたスピリチュアルの指導者で解放を求めてスピリチュアルの道を歩む人たちのための先導者。

クンダリニ　ヨガのプラクティスを通して上昇する基本的生命エネルギー。図像では背骨の根元でとぐろを巻くヘビとして描かれる。

さ

サヴィカルパ　字義通りには「性質のある」。性質を持つサマーディ（心の静謐）のタイプを表す言葉。

サーダナ　字義通りには「道具」または「装置」。自己実現のための手段として使われるスピリチュアルのプラクティス。

サハスラーラ　泉門（頭頂）に位置するチャクラ（身体システムのエネルギーの中心）。

サマーディ　ヨガ8枝のひとつで深い心の静謐の状態。インドのスピリチュアルの伝統では非常に尊ばれており、サマーディを経験することは健康維持に役立ち、自己変革を促す強い力を持つ。

サムサーラ　物質界と（生命の材料に必要な安定を与える）カルマの世界の反復性、サイクル（周期）の性質。

サミュクティ　安定して確立したマインドの状態。その状態では自分に支障が起きることはない。

シ・ヴァ／シヴァ　字義通りには「何もなさ」。もともと無限の空間を意味した。また最初のヨギで無限の空間との融合を体験的に認識したアディヨギをも指す。

シャヴァーサナ　字義通りには「屍のポーズ」。古典ヨガにある84のアーサナのひとつ。身体システムを回復し活気を取り戻すためにリラックスを促進するプラクティス。

スシュムナー　クンダリニ（生命力）をつかさどるエネルギー体の中心経路。

スーリャ・クリヤ　身体の内側で太陽を活性化させる効果的なプロセス。「スーリャ」は太陽、「クリヤ」は内的エネルギーのプロセスを意味する。心と身体の健康の包括的プロセスであり、スピリチュアルの完成したプロセスでもある。

スーリャ・シャクティ　身体システム中にある太陽を刺激するヨガのプラクティス。

スーリャ・ナマスカール　太陽が全ての生命の原動力だという論理に基づいた古代ヨガのプラクティス。身体システムのバランスをとるだけでなく、太陽の力を受容できるようにする。

スワーディシュターナ　字義通りには「自身の住処」。性器の真上に位置するチャクラ（エネルギーの中心）。

た

タマス　不活発。存在の3つの性質のひとつ。ほかの2つはラジャス（力強さ）とサットヴァ（心の静謐）。

ダーラナ　対象に対して揺るがない集中を保ち、自分が集中する対象を体験的に認識するようになるヨガのプロセス。ヨガ8枝のひとつ。

タントラ　字義通りには「テクノロジー」。スピリチュアル的変革のためのテクノロジー。

チダーカーシャ　エーテルの次元の知性。

チッタ　記憶によって汚されていない純粋な知性。人間のマインドの中で最も深い、最も基本的な次元。この次元に触れることができた者は創造の根源に触れることができると言われている。

チット・シャクティ　字義通りにはマインドの力。またマインドの力を伸ばすためにサドグルが考案した瞑想法。

チャクラ　字義通りには車輪。エネルギー体の中のナーディ（チャンネル）の合流点。7つの主要なチャクラは人の体に関係しているが、全部合わせると114のチャクラがあり、そのうち2つは人体の外側にある。

ディヤーナ、またはディヤン　自分も瞑想の対象も互いが互いに溶解してしまう持続的な集中を行うヨガのプロセス。ヨガ8枝のひとつ。

ディヤーナリンガ　インドのイーシャ・ヨガ・センターにおける強力なエネルギーの形。瞑想のためだけにサドグルがコンセクレートした。

な

ナーディ　生命力あるいはプラーナがエネルギー体へ流れ込む際の経路。

ナマスカール　両手を合わせ2つの性質（右と左、男性性と女性性など）を一人の人間の中で調和させるインドの伝統。それにより融合を体験的認識し、他者の独立とともに自分の独立を認識する。

ニャーナ／ニャーナ・ヨガ　知性を使って究極の自分の本質に到達すること。ヨガの4つの道のひとつ。ジュニャーナともいう。

ニルヴィカルパ　字義通りには「性質がない」こと。全ての性質を超越したサマーディ（究極的な心の静謐）。そこでは人は肉体と非常に小さな接点だけでつながっている。

は

バクティ・ヨガ　字義通りには献身のヨガ。愛と献身を通して自己実現をはかるスピリチュアルの道。特徴は帰依する対象と融合したいという強い気持ち。ヨガの4つの道のひとつ。

ハタヨガ　身体のポーズとプラクティスを伴うヨガのひとつ。瞑想と高い次元のスピリチュアルの経験を得るための、浄化と準備の段階として使用される。

ピンガラ　肉体の主要なエネルギーの経路のひとつ。体の右半身にあり、男性的とされる。

ブータ・シッディ　身体システム内の5大エレメントを制御できる段階。物質の超越に到達する能力と幸福を促進する熟練した段階。

ブータ・シュッディ　ヨガで最も基礎的なプラクティス。ブータ・シュッディとは身体システム内の5大エレメントを浄化するという意味。

ブッディ　知力。識別や分析、論理、理性的な思考などの性質を持つ能力。

プラティシュタ　コンセクレーション（物体または空間にエネルギーを吹き込む）のプロセス。これは2種類のプロセスがある。ひとつは適切なマントラを唱えて儀式を行う方法のマントラ・プラティシュタ。もうひとつはコンセクレーションをとり行う者自身のプラーナ・シャクティ（生命のエネルギー）を用いる直接のプロセスであるプラーナ・プラティシュタ。

プラーナ　生命の基本的なフォース。生命のエネルギー。

プラーナマヤ・コーシャ　エネルギー体。ヨガの生理学の5つの鞘のひとつ。

ブラフマランドラ　「ブラフマ」は「究極」、「ランドラ」は「どこかへ通じる道」あるいは「穴」を意味する。泉門（幼児の頭頂の柔らかい部分）にある「サハスラーラ・チャクラ」の別の名称。

ま

マナス　知力とは区別されるマインドの一面。記憶が複雑に組み合わさったもので、思考や感情を作り上げる。

マニプーラカ　へそのやや下に位置するチャクラ、もしくはエネルギーの中心。生存のために必要なエネルギー、そして外側の世界との積極的な関わりに関係する。

マノーマヤ・コーシャ　マインド体。ヨガの生理学の5つの鞘のひとつ。

マハーサマーディ　最も高いレベルの静謐な心の状態。全ての個性を超越した、人格が全宇宙に完全に溶解した状態。東洋のほかのスピリチュアルの伝統では、マハーパリニッバーナまたはニルヴァーナとしても知られる。

マンダラ　体の特徴のサイクル。身体の生理学上の様々なプロセスと同様に40〜48日周期。

ムーラダーラ　会陰に位置するチャクラ。エネルギー体の基礎。

や

ヤントラ　字義通りには「形」。人生に繁栄と幸福をもたらすためにデザインされコンセクレート（神聖化）されたエネルギーの形状。

ヨガ　字義通りには「統合させる」あるいは「融合する」。全存在との融合を経験する状態。さらに、その状態に到達するためのメソッドとテクノロジーについての古代のスピリチュアル科学を意味する。

ヨギ　全存在の融合を認識した者。ヨガの状態にいる者。

ら

リンガ　字義通りには「最初の」または「根本的な」形。完全な楕円形であり、宇宙の構造の基本的な形。

サドグル・ジャッギー・ヴァースデーブ　SADHGURU
ヨギ、神秘主義者、大規模な人道活動や環境活動を全てボランティアで行う非営利団体イーシャ・ファウンデーションの創設者。世界経済フォーラム、国連、スタンフォード大学、マサチューセッツ工科大学、ハーバード大学、ウォートン・スクール他、多くの組織で講演を行ってきた。

松村 浩之　Hiroyuki Matsumura
東京都出身。父親の仕事の都合で、幼少期をアメリカ、ロシア（当時ソ連）で過ごす。雑誌編集、インバウンドVIPガイド、動画翻訳、通訳など様々な仕事に従事。偶然手にした雑誌で世界のベストセラー本の１つとして紹介されていた本書の存在を知る。「Inner Engineering」というタイトルに惹かれ、原書を輸入。読みすすめる中で、生命の可能性を全開にするためのメソッドを紹介する本書に深く感銘を受ける。現代を生きる日本人にこそ必読の書であると翻訳を決意。

松村 恵子　Keiko Matsumura
大阪府出身。2009年にカナダでIshaファウンデーションの主催するインナーエンジニアリングプログラムに参加。その後アメリカ・テネシー州のアシュラムに6ヶ月滞在し、マスタープログラムを終了。Sadhguruによる90日間集中プログラムAnaadhiに参加。日本に一時帰国後にインド・タミルナドゥ州のIshaヨガセンターに6ヶ月滞在、アシュラム内の活動に携わる。2011年に東京で行われたIJGPS（インド日本グローバルパートナーシップサミット）にSadhguruが招致された際にはアシスタントを務めた。本書では監修として参加。
著書に『いつもやってくる殺したくなる自分にサヨナラ』（ヴォイス）
HP：https://holistic-remedy.net/

歓喜へ至るヨギの工学技術
インナー・エンジニアリング
内なるエネルギーでいかに身体・心を最適化するか

第一刷　2022年12月31日

著者　サドグル
訳者　松村浩之・松村恵子

発行人　石井健資
発行所　株式会社ヒカルランド
〒162-0821　東京都新宿区津久戸町3-11　TH1ビル6F
電話　03-6265-0852　ファックス　03-6265-0853
http://www.hikaruland.co.jp　info@hikaruland.co.jp
振替　00180-8-496587

本文・カバー・製本　中央精版印刷株式会社
DTP　株式会社キャップス
編集担当　溝口立太

ISBN978-4-86742-199-4

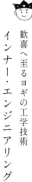